Peter Himmelhuber

Hecken richtig pflanzen und pflegen

Peter Himmelhuber

Hecken

richtig pflanzen und pflegen

MOEWIG

Die Ratschläge und Empfehlungen dieses Buches wurden vom Autor und vom Verlag nach bestem Wissen und Gewissen erarbeitet und sorgfältig geprüft. Dennoch kann eine Garantie nicht übernommen werden. Eine Haftung des Autors, des Verlags oder seiner Beauftragten für Personen-, Sach- oder Vermögensschäden ist ausgeschlossen.

Fotos: Peter Himmelhuber
Illustrationen: Malcolm Powell

www.MOEWIG.de

Printed in Belgium
ISBN 3-8118-1672-1

Inhalt

Grüne Gartengrenzen

Hecken sind Pflanzstreifen aus sommergrünen oder/und immergrünen Gehölzen, die entweder frei, also strauchförmig breit wachsen oder streng formiert werden – je nach verfügbarem Platz und Zeit zur Pflege. Als Elemente der Gartengestaltung haben Hecken einen besonderen Wert. Sie schirmen den Garten dicht ab und tragen mit ihrem Blattwerk dennoch zur Begrünung bei. Wildstrauchhecken bringen zudem Blüten und Früchte hervor, die das Gesamtbild auflockern

Anders als Hecken aus locker wachsenden Büschen bleiben Formschnitthecken schmal. Sie brauchen aber den regelmäßigen Rückschnitt

Grundstücksgrenzen mit Eigenleben

Die Entscheidung für eine Hecke als lebende Grundstückseinfriedung hat natürlich Folgen. Anders als bei einem Zaun, der seine Form beibehält, muss nach einer Heckenpflanzung mit einer Veränderung gerechnet werden. Es ist deshalb für ein gutes und problemloses Gedeihen ganz wesentlich, welche Pflanzen Sie wählen und einsetzen. Eine kleine Hecke aus Buchsbäumchen lässt sich beispielsweise leichter in Form halten als eine hohe Hecke aus Buchen. Während Buchsbäumchen von Natur aus kleine Büsche bilden, entwickeln sich Buchen zu mächtigen Bäumen. Sie brauchen dementsprechend einen regelmäßigen Schnitt, sonst bringen sie meterlange Zweige hervor, die sich zu dicken Ästen auswachsen! Beachten Sie deshalb vor der Pflanzung die unterschiedlichen Wuchseigenschaften der einzelnen Heckenpflanzen, sonst wachsen Ihnen die ursprünglich kleinen Bäumchen aus dem Gartencenter in wenigen Jahren über den Kopf.

Die Wuchseigenschaften sind natürlich auch zu beachten, wenn unbedingt hohe Hecken gewünscht werden. Dann sind umgekehrt die Buchsbäumchen fehl am Platz. Sie erreichen allenfalls

Die Auswahl der Heckenpflanzen richtet sich nach dem Einsatzgebiet. Für hohen Hecken, wie hier die Hainbuchenhecke im Hintergrund, eignen sich natürlich nur solche Bäume oder Sträucher, die entsprechend starkwüchsig sind. Buchsbäumchen sind nur für Beeteinfassungen oder niedrige Hecken geeignet

eine Höhe von 1–2 m und eignen sich nicht für hohe, breite Heckenstreifen.

Sowohl Wildstrauchhecken als auch Formschnitthecken sind für Tiere wertvoller als Mauern oder Zäune. Sie bieten Vögeln und Insekten Schutz, Nistplätze und Futter. Zudem bilden sie einen Windschutz und verbessern das Kleinklima im Garten. Je nach Art der Gehölze können gut gepflegte Hecken sehr alt werden, jedenfalls älter als beispielsweise Holzzäune. So hat eine Wildstrauchhecke aus Weißdorn, Kornelkirschen, Haseln und anderen heimischen Gehölzen eine Lebenserwartung von mehr als 50 Jahren. Das gilt auch für streng geschnittene Hecken aus Buchen oder Thujen, wenn sie die nötige Pflege erhalten.

Die Auswahl der Heckenpflanzen ist vom Standort abhängig. Es gibt ein umfangreiches Sortiment verschiedenster Gehölze, die sich für frei wachsende oder streng geschnittene Hecken anbieten. Jedes Gartencenter hat ein Sortiment auf Vorrat. Alle dort erhältlichen Heckenpflanzen sind recht robust und pflegeleicht. Sie gedeihen auf jedem normalen Gartenboden, der – falls nötig – bei der Pflanzung tiefgründig gelockert wird. Eine Ausnahme stellen Rhododendren dar, die als typische Moorbeetpflanzen sauren Boden brauchen. Sie kommen in eine speziell vorbereitete Pflanzgrube, die mit Rhododendron-Substrat gefüllt wurde.

Lockere Hecken

Einfacher als Formschnitthecken (siehe Seite 25) sind lockere Hecken zu pflegen. Dazu zählen Blütenhecken, Wildobsthecken und andere Typen, die nicht aus Bäumen wie Buchen, Hainbuchen oder Thujen gezogen werden, sondern aus Sträuchern,

Wuchshöhen (Auswahl)

Baum- oder Strauchart	natürliche Wuchshöhe	Heckenhöhe
Fagus sylvatica (Buche)	mehr als 20 m	über 2 m
Carpinus betulus (Hainbuche)	mehr als 20 m	über 2 m
Acer campestre (Feldahorn)	mehr als 10 m	über 2 m
Chamaecyparis-Sorten (Scheinzypresse)	von 0,50 bis 10 m	0,50 bis über 2 m
Thuja occidentalis (Lebensbaum)	mehr als 15 m	über 2 m
Thuja-Sorten	von 0,50 bis 10 m	0,50 bis über 2 m
Ligustrum vulgare (Liguster)	ca. 3 m	1–2 m
Taxus baccata (Eibe)	mehr als 10 m	1–2 m
Berberis thunbergii (Berberitze)	ca. 2 m	0,50–1 m
Buxus sempervirens (Buchs)	ca. 2 m	0,50–1 m

die sich dafür eignen. Das können je nach Heckentyp ausgewählte Blütensträucher wie Forsythien, Weigelien oder Deutzien sein, aber auch Fruchtgehölze wie Kornelkirschen, Haseln oder Quitten. Ebenso sind natürlich Mischungen aus Blüten-

Forsythie in lockerer Hecke

und Fruchtsträuchern möglich sowie aus anderen Gehölzen, die sich wegen besonderer Eigenschaften als Heckenpflanzen bewährt haben. Dazu zählen beispielsweise immergrüne Laubgehölze wie Kirschlorbeer oder Stechpalmen, die sich in gemischte Hecken aufnehmen lassen. Einige dieser Gehölze sind sowohl für lockere Hecken geeignet als auch für Formschnitthecken. Das gilt etwa für Kornelkirschen, Eiben oder Zierquitten. (Weitere Angaben in den Pflanzenporträts ab Seite 30.)

Pflanzung und Pflege lockerer Hecken

Wichtig sind ausreichende Pflanzabstände, die so gewählt werden, dass sich jeder Strauch zwar gut entfalten kann, aber doch mit den benachbarten zusammenwächst – jedenfalls bei einer lockeren Heckenpflanzung. So bilden beispielsweise Forsythien, Weigelien oder Kerrien ein Strauchwerk, das etwa 2 m Höhe und Breite erreicht. Die Pflanzabstände für diese Sträucher sollten in der Hecke dann dementsprechend 2 m betragen.

Falls nötig, nehmen Buchenhecken im Winter einen Verjüngungsschnitt hin. Sie bringen aus dem alten Holz wieder frische Triebe hervor

Buchen wachsen zu mächtigen Bäumen auf, wenn sie nicht geschnitten werden. Es ist leicht erkennbar, dass solche Gehölze als Heckenpflanzen nur durch regelmäßigen Schnitt klein zu halten sind

Im Gegensatz zu Formschnitthecken, die den regelmäßigen Schnitt brauchen, behalten lockere Hecken aus Sträuchern ihre Höhe bei, die sie nach einer Anwachszeit von 2 bis 3 Jahren erreicht haben. Ein besonderer Schnitt ist nicht nötig. Nur wenn die Sträucher zu dicht werden und auseinander fallen oder zu vergreisen beginnen, bringt sie ein winterlicher Auslichtungsschnitt wieder in Form. Es genügt, jedem Strauch einige alte Äste direkt am Boden zu nehmen. Dann haben junge Zweige Luft und Raum zum Wachsen. Bei Felsenbirnen, Kornelkirschen oder Spindelsträuchern ist selbst dieser Auslichtungsschnitt unnötig, weil sie von Natur aus ein lichtes Geäst entwickeln. Der Standort sollte aber möglichst sonnig sein. Im Schatten hoher Bäume beispielsweise verkahlen die Sträucher leicht. Ausnahmen bestätigen aber auch hier die Regel. Rhododendren und andere insbesondere immergrüne Arten kommen selbst auf weniger gut besonnten Gartenplätzen noch gut zurecht.

Hecken brauchen Licht zum Wachsen

Natürlich brauchen Heckenpflanzen – und das gilt auch für schattenverträgliche Arten wie Rhododendren oder Eiben – noch eine Mindestmenge an Licht zum Wachsen. Bäume und Sträucher in Formschnitthecken stellen die gleichen Ansprüche, was die Gestaltungsmöglichkeiten mit solchen Hecken zwangsläufig einschränkt.

Wo Hecken mangels Licht nicht mehr richtig wachsen können, sollte besser ein Zaun oder eine Mauer als Grundstückseinfriedung gewählt werden. Diese Situation findet man an Hausnordseiten oder in alten Gärten mit hohen Bäumen. Beachten Sie bei der Planung, dass sich die Lichtverhältnisse während des Jahres stark verändern. So können Gartenplätze im Winter sonnig liegen, wenn beispielsweise hohe Laubbäume ihre Blätter verloren haben. Im Sommer jedoch sind die Lichtverhältnisse womöglich ganz andere. Zu beachten ist auch, dass sich der Sonnenstand während des Jahres wesentlich verändert. So können Plätze an der Grundstücksnordseite, die im Sommer Sonnenlicht bekommen, im Winterhalbjahr ganztags im Schlagschatten von Gebäuden liegen.

Hecke als Einfriedung eines Schrebergartens

Pflanzbeispiel: Lockere Hecke pflanzen

Pflanzenlieferung

→ *Boden fräsen*

Sträucher verteilen (Grenzabstand beachten)

→ *Einen Baum in die Hecke integrieren*

Apfelbäumchen zwischen Ziersträuchern

→ *Heckenpflanzen im Garten verteilt*

Natürliche Wildgehölzhecke

zuwählen und die einzelnen Sträucher in der Hecke so zu arrangieren, dass rund ums Jahr etwas blüht.

Wohl am auffälligsten ist der leuchtend gelbe Flor der Forsythien. Diese Frühjahrsboten sind auch als Heckenpflanzen sehr empfehlenswert; sie blühen zuverlässig jedes Jahr. Allerdings öffnen sie ihre Blüten zur selben Zeit im April wie viele andere Sträucher. Vorher und nachher ist der Flor weniger üppig. Das liegt an der Natur der Pflanzen, denn sie

Wildstrauchhecken

Wildstrauchhecken sind aus der freien Natur oder als Ackergrenzen bekannt. Sie brauchen wenig Pflege, aber reichlich Raum zum Ausbreiten. Wildstrauchhecken wachsen dicht und bieten ein abwechslungsreiches Bild, wenn verschiedene Arten gekonnt arrangiert werden. Da solche Hecken wuchern – insbesondere die typischen Sträucher wie Schlehdorn, Hartriegel oder Salweiden breiten sich stark aus –, eignen sie sich jedoch allenfalls für große Gartenanlagen.

Blütenhecken

Es gibt einige Sträucher, die sich durch besondere Blütenfülle auszeichnen. Diese Sträucher kommen nicht nur als Solitäre – also als schön gewachsene, frei stehende Pflanzen – zum Einsatz, sondern auch in Hecken. Der Flor all dieser Blütensträucher präsentiert sich gewöhnlich aber nur für wenige Wochen. Es lohnt sich also, geschickt aus-

Wilde Schlehenhecken in der Blüte

Sträucher für Blütenhecken von A bis Z (Auswahl)

Art	Blütezeit	Farbe	Größe (ca.)
Amelanchier (Felsenbirne)	April	weiß	2–3 m
Buddleia (Sommerflieder)	Juni–September (je nach Sorte)	rot, weiß, blau	2–3 m
Caryopteris (Bartblume)	August–Oktober	blau	1 m
Chaenomeles (Zierquitte)	April–Mai	rot	1–2 m
Cornus (Hartriegel)	je nach Art	weiß, gelb, rot	0,20–4 m
Corylus (Hasel)	Januar–März	gelb oder rot	3–5 m
Forsythia (Forsythie)	April	gelb	2–3 m
Hamamelis (Zaubernuss)	Januar–April	gelb, rot	2–3 m
Hibiscus syriacus (Eibisch)	Juli–August	weiß, rot, blau	1–2 m
Hydrangea (Hortensie)	Juni–August	rot, blau, weiß	1–2 m
Kerria japonica (Ranunkelstrauch)	April–Mai	gelb	1–2 m
Kolkwitzia (Kolkwitzie)	Mai–Juni	rosa	2 m
Lonicera/Straucharten (Heckenkirsche)	Mai–Juni	weiß–gelb, weiß–rot	2–3 m
Lonicera/Kletterpflanzen (Geißblatt)	Mai–Juni	weiß–gelb, weiß–rot	2–5 m
Malus (Zierapfel)	April–Mai	weiß, rot	3–4 m
Philadelphus (Pfeifenstrauch)	Juni–Juli	weiß	2–4 m
Perovskia (Blauraute)	August–Oktober	blau	1 m
Potentilla (Fünffingerstrauch)	Mai–Oktober	gelb	1 m
Prunus (Zierkirsche)	April–Mai	rosa	1–5 m
Rhododendron (Alpenrose)	April–Mai	rot, blau, gelb, weiß	0,50–3 m
Ribes sanguineum (Zierjohannisbeere)	April–Mai	rot	1–2 m
Rosa (Wildrose)	Mai–Juni	weiß, rosa, gelb	1–4 m
Rosa (veredelte Strauchrose)	Mai–Oktober	je nach Sorte	0,50–1.50 m
Spiraea (Spierstrauch)	je nach Art	weiß, rosa	0,50–2 m
Syringa vulgaris (Flieder)	Mai	weiß, blau, rot	3–5 m
Viburnum-Arten (Schneeball)	je nach Art	weiß	0,50–3 m
Weigelia (Weigelie)	Mai–Juni	rosa	1–3 m

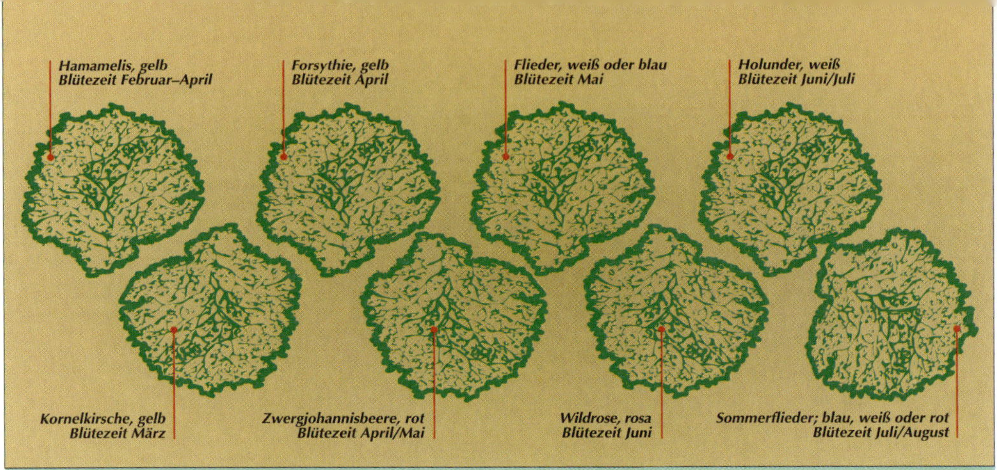

Pflanzvorschlag für eine Blütenhecke, die nach und nach „durchblüht"

blühen ja nicht, um uns zu gefallen, sondern um vorwiegend von Insekten bestäubt zu werden und schließlich Früchte zu tragen. Dazu müssen sie ihre Blüten rechtzeitig im Jahr entfalten, damit sie bis zum Herbst genügend Zeit zur Fruchtreife haben.

Es gibt aber eine Reihe von Ziersträuchern, die vom natürlichen Rhythmus abweichen und zu anderen Zeiten blühen. Dies sind vorwiegend Züchtungen bzw. so genannte Exoten aus anderen Ländern oder auch Arten, die nicht auf die Bestäubung durch Insekten angewiesen sind, sondern ihren Blütenstaub vom Wind verbreiten lassen. Besonders diese Arten und Sorten machen einen bunten Blütenreigen in der Hecke rund ums Jahr möglich.

So öffnet die Zaubernuss (*Hamamelis*) ihre gelben oder roten Fiederblütchen bei mildem Wetter mitten im Winter. Richtig auffällig wirken diese Sträucher im Schnee. *Hamamelis virginiana*, eine verwandte Art, die nicht aus Asien stammt, sondern aus Nordamerika, verhält sich ebenso ungewöhnlich. Sie blüht aber nicht im Winter, sondern im Herbst. Mit der Winterzaubernuss, die in verschiedenen Sorten zu bekommen ist, blühen die verwandten Haseln auf, deren Kätzchen durch-

Buntblättrige Gehölze wie bei dieser Hecke sind auch im Sommer attraktiv

Rotholz- und Gelbholzhartriegel mit ihrem typischen bunten Holz wirken im Winter sehr schön

aus attraktiv sind, besonders die roten Sorten. Zarte, duftende Blüten bringt zu dieser Zeit zudem der Winterschneeball (*Viburnum fragrans*) hervor. Ein kleiner heimischer Winterblüher ist der Seidelbast (*Daphne mezereum*). Der etwa kniehohe Strauch lässt sich gut zur Unterpflanzung verwenden.

Hecke aus Blütenstauden

Die angesprochenen Ziersträucher und noch weitere andere Arten eignen sich vorzüglich für schöne, lockere Blütenhecken, die dennoch einen dichten Sichtschutz etwa an der Grundstücksgrenze bilden. Sie können sogar nach

Rosenhecke

der Blütezeit geordnet werden, sodass die Hecke sozusagen von vorne bis hinten durchblüht. Der Reigen beginnt beispielsweise mit einem Haselstrauch, der von der Zaubernuss abgelöst wird, diese wiederum gefolgt vom Schneeball und dann von den Frühblühern wie Forsythien, Zierjohannisbeeren und Weigelien, nach denen schließlich Sommerflieder, Zierstrauchrosen und Blauraute bis in den Herbst hinein immer neue Blüten hervorbringen. Diese kleine Auswahl lässt sich beliebig ergänzen und mit weiteren Winter-, Frühjahrs-, Sommer- und Herbstblühern vervollständigen.

Tipp Lassen Sie sich anregen, aber nicht verführen!

Die bunten Bilder in den Katalogen regen leicht zum Kaufen an. Dagegen ist natürlich nichts einzuwenden; jeder Strauch ist wertvoll. Bedenken Sie aber, dass die Blüten oft nur kurze Zeit halten. Danach sind manche Arten weniger attraktiv. Achten Sie deshalb bei der Auswahl auch auf andere Eigenheiten, wie etwa ein schönes Laub, eine auffällige Herbstfärbung, dekorative Früchte oder eine ungewöhnliche Rindenzeichnung. Dann haben Sie mehr Freude an der Zusammenstellung der Pflanzen auf Ihrem Grundstück.

Blühende Obsthecke an einem frei stehenden Spalier

Bei den gewöhnlichen Spindelbuschbäumchen ist meist ein Pflanzabstand von etwa 2 m ausreichend. Er ermöglicht dichte Reihen und bietet jedem Exemplar dennoch genügend Raum zur Entfaltung. Statt der einfachen Erziehungsform sind auch andere Spaliere möglich, so etwa das Bouche-Thoma-System. Hier werden die Bäumchen schräg gepflanzt, sodass sie über Kreuz wachsen. Günstig ist auf jeden Fall ein Drahtgerüst, das den schwach wachsenden Bäumen auf Lebenszeit Halt gibt. Ohne Gerüst ist die Erziehung nur an windgeschützten Plätzen möglich, denn die Bäumchen entwickeln nur ein schwaches Wurzelwerk.

Obsthecken

Apfel-, Birnen- und Quittenbuschbäumchen fruchten früh und reichlich. Sie passen in kleine Gärten, wo sie kompakte Kronenbäumchen bilden. Sie lassen sich aber auch in Hecken pflanzen. In der Kombination mit Kornelkirschen, Haselbüschen und anderen Wildobst-Arten entwickeln sich schöne, dichte Einfriedungen, die zudem eine Menge Obst tragen.

Kernobsthecken

Die langen Baumreihen in den Obstplantagen können gute Vorbilder für den „Hausgebrauch" sein. Solche Obsthecken lassen sich direkt in den Garten übertragen. Allerdings genügt normalerweise eine Reihe, die in geänderter Form gepflanzt wird. Und zwar kommen neben ausgewählten Apfelsorten auch Birnen- und auf Wunsch Quittenbüsche in die Reihe. Natürlich müssen alle Bäumchen auf schwach wachsenden Veredlungen stehen, damit sie sich gleichmäßig entwickeln und nicht aus der Reihe wachsen.

Bei der Pflanzung muss der Boden entsprechend vorbereitet werden. Kompostgaben fördern das Anwachsen. Ein Pflanzschnitt ist nur bei ballenlosen Gehölzen nötig. Containerpflanzen brauchen nicht zurückgeschnitten zu werden. Allerdings bekommen sie schon bei der Pflanzung einen richtungsweisenden Schnitt. Solche Obsthecken brauchen neben der ausreichenden

Beim Pflanzen einer Obsthecke ist nur ein geringer Abstand zur Grenze nötig, wenn schwach wachsende Bäumchen gewählt werden

Diese blühende Obsthecke bildet die Grenze zwischen zwei Grundstücken

Wasser- und Nährstoffversorgung einen regelmäßigen Erziehungs- und später den nötigen Pflegeschnitt. Es genügt aber, einige störende Zweige zu entfernen oder in bestimmte Richtungen zu lenken. Eine ausreichende Verjüngung sorgt dafür, dass sie nicht vergreisen. In den Obstplantagen werden dazu jedem Baum einige alte Zweige genommen oder kräftig eingekürzt. Das regt zum Austrieb neuer Zweige an. Starke Äste bilden solche Spindelbuschbäumchen ohnehin nicht.

Wenn statt dieser schwach wachsenden Typen noch kompaktere „Ballerinas" gepflanzt werden, ist fast kein Schnitt nötig. Diese Züchtungen entwickeln nur einen senkrechten Mitteltrieb und seitliches Fruchtholz. Zweige bilden sie nicht. Allerdings sind für Hecken aus diesen Bäumchen etwa 3–4 Exemplare pro Meter nötig. Eine gemischte Sortenwahl fördert – wie übrigens auch bei gewöhnlichen Bäumchen – die Befruchtung. Hecken aus Tafelobst eignen sich vorzüglich als Grundstücksgrenzen zwischen Nachbargärten, außerdem tragen die kleinen Obstreihen zur Befruchtung großer Einzelexemplare bei. Natürlich sollten die Kosten für eine solche Hecke von den Nachbarn gemeinsam getragen und die Pflegearbeiten aufgeteilt werden. Die kleinen Fruchtgehölzreihen bieten sich aber auch im eigenen Garten zur Abgrenzungen von Teilbereichen an, so etwa als Windschutz an der Nordseite des Gemüsegartens oder als Sichtschutz im Wohngarten.

Eine Obsthecke gliedert den Garten

Himbeerhecke mit Früchten an einem Gartenzaun

Beerenobsthecken

Wo kein Platz für Bäume ist, sind oft Beerensträucher oder Stämmchen die richtige Wahl. Aber auch in Gärten mit größerer Fläche gehören einige Beerensträucher unbedingt zum Obst-Sortiment. Neben roten, schwarzen und weißen Johannisbeeren, grünen, gelben und roten Stachelbeeren, Himbeeren, Brombeeren und Holunderbeeren sind auch Heidelbeeren, Weinbeeren und Apfelbeeren sowie Kornelkirschen, Felsenbirnen und andere Strauch-Früchte in der Küche willkommen. Für ein kleines Sortiment lassen sich in jedem Garten Plätze finden; Weinreben und Brombeeren wachsen auch am Zaun oder an einer Wand, Himbeeren, Heidelbeeren oder auch Erdbeeren gedeihen als typische Waldpflanzen auch im Halbschatten.

Häufig lässt sich durch die Pflanzung von Obststräuchern das Schöne vorzüglich mit dem Nützlichen verbinden, wenn etwa die Hecke den Gemüsegarten einfriedet. Ein kurzer Streifen von etwa 10 m Länge nimmt leicht fünf verschiedene Stachelbeer-Sorten, fünf verschiedene Johannisbeer-Sorten, einige Jostabeerbüsche (Kreuzung zwischen schwarzen Johannisbeeren und Stachelbeeren) und einen Holunderbusch auf. Zur Unterpflanzung oder auch als Bodendecker bieten sich z.B. Monatserdbeeren an, die im Unterschied zu den großfrüchtigen Züchtungen ausdauernd sind. Ein solcher fruchtender Pflanzstreifen ist eine ideale Abschirmung zur windigen Nordseite.

Wer aber lieber Wildobst mag, setzt statt der Johannisbeer- und Stachelbeerbüsche eine Felsenbirne, einige Apfelbeeren und eine Kornelkirsche ein. Felsenbirnen (*Amelanchier*) sind keine Birnengehölze, sondern Beerensträucher mit dunkelblauen Früchten, die an Heidelbeeren erinnern. Apfelbeeren (*Aronia*), die ein wenig fad schmecken, aber sehr intensiv blau färben, wachsen an kleinen Sträuchern. Kornelkirschen (*Cornus mas*), die leuchtend rot sind und süß-sauer schmecken, entwickeln sich aus zart gelben Blüten an kräftigen Sträuchern. Da-

Weinreben am Zaun

Pflanzbeispiel: Himbeerhecke

Pflanzgrube auskoffern und mit Kompost verbessern →

Bodenverdichtungen durchbrechen

Aushuberde mit Kompost durchmischen →

Pflanzen einsetzen und mit Erde einfüttern

Nach der Pflanzung Gießmulde formen →

Einschlämmen der Pflanzen

Pflanzbeispiel: Himbeerhecke

Pfähle einschlagen

→ *Drähte spannen*

Triebe anbinden

→ *Himbeerfrüchte*

zu passen eventuell noch einige Sanddornbüsche. Damit diese fruchten oder wenigstens ein Exemplar Früchte trägt, sind mindestens zwei Pflanzen (eine weibliche und eine männliche) nötig. Schlehen, die zur Gattung der Kirschen (*Prunus spinosa*) und damit zum Steinobst gehören, sind nicht unproblematisch. Sie verwildern leicht und breiten sich manchmal zu sehr im Garten aus. Übrigens ist auch der Sanddorn sehr vital. Allerdings sind die Wildobstgehölze allgemein sehr pflegeleicht. Sie brauchen keinen Schnitt, vertragen ihn aber ohne Schaden, wenn sie z. B. zur Eindämmung zurückgeschnitten werden.

Den Sommer hindurch frische Früchte

Beeren reifen in den Sommermonaten etwa vom Juni/Juli bis zum September, einige Arten bis in den Oktober hinein. Zuerst erntet man die Erdbeeren, dann folgen mit den Johannisbeeren die Stachelbeeren und die Himbeeren in ihren verschiedenen Sorten, anschließend, etwa im August, die Brombeeren, die Heidelbeeren und die Felsenbirnen. Im September sind die Holunderbeeren sowie die Weinbeeren reif und noch später erst der Sanddorn. Natürlich lassen sich die Erntezeiten durch eine geschickte Sortenwahl verlängern. Von den Himbeeren gibt es beispielsweise so genannte einmal tragende, die im Frühsommer fruchten, und zweimal tragende, die erst im Spätsommer und dann bis in den Herbst hinein Früchte entwickeln.

Pflanzung und Pflege

Beerensträucher werden mit und ohne Ballen angeboten. Pflanzen ohne Ballen, also solche mit losen Wurzeln, sind billiger als Ballenpflanzen. Sie brauchen jedoch einen kräftigen Pflanzschnitt, damit sie gut anwachsen. Außerdem können sie

Beerensträucher mit losem Wurzelwerk brauchen einen kräftigen Pflanzschnitt. Das Einkürzen der Triebe etwa um die Hälfte erleichtert ihnen das Anwachsen. An den Wurzeln nur die Spitzen nachschneiden

nur im Frühjahr und im Herbst gepflanzt werden. Ballenpflanzen, meistens sind es Containerpflanzen (also Topfpflanzen), können dagegen jederzeit in den Garten gesetzt werden (außer bei gefrorenem Boden), und sie brauchen keinen Pflanzschnitt. Beerenobstbüsche gedeihen vorzugsweise auf tiefgründigem humosem Boden. Auf schwerem lehmigem Boden vergreisen sie bald. Hier muss auf jeden Fall reichlich Kompost in die Aushuberde eingearbeitet werden. Bei der Pflanzung sind aber allgemein, also auch bei gutem Gartenboden, Kompostgaben günstig. Später dient es der Gesunderhaltung der Pflanzen, wenn der Boden immer wieder mit Kompost versorgt und z. B. mit Rindenhumus gemulcht (bedeckt) wird. Den Beerenobstbüschen als typischen Waldpflanzen bekommt eine Humusdecke sehr gut. Bei Stachelbeeren hilft das Mulchen auch gegen Mehltau. Sicherer ist jedoch die Auswahl und Pflanzung Mehltau-resistenter Sorten!

Beerenobstbüsche brauchen als typische Waldpflanzen einen lockeren Humusboden

Der Schnitt hält fit

Außer einer regelmäßigen Düngung und dem Mulchen brauchen besonders die Johannis-

Mulchen hält den Boden feucht und locker

Beerenobsthecke im Garten als Raumteiler

beer-, Stachelbeer-, Himbeer- und Brombeerbüsche einen regelmäßigen Schnitt. Es genügt aber, immer wieder einige alte Triebe zu entfernen – am besten direkt nach der Ernte. Dadurch bleiben die Büsche licht, und es bilden sich neue Triebe. Bei Heidelbeeren ist gewöhnlich auch nur ein Auslichtungsschnitt nötig. Allerdings brauchen diese Moorbeetpflanzen sauren Boden, so z. B. eine Mischung aus Rindenhumus, Laubkompost und gehäckseltem Holz. Bei Himbeeren schneidet man die Tragruten nach der Ernte ganz weg und lässt nur einige junge Jahrestriebe stehen. Diese bringen dann im folgenden Jahr Früchte. Weinreben brauchen ein Rankgerüst und einen jährlichen Schnitt. Vor allem müssen die einjährigen Triebe, also die Triebe, die sich im letzten Jahr entwickelt haben, jeweils im Spätwinter kräftig zurückgeschnitten werden. Außerdem ist es günstig, die Pflanzen von Jugend an zu einer bestimmten Form zu erziehen. Dazu brauchen sie dann ein Spalier oder eine andere Erziehungshilfe.

Dürre Triebe regelmäßig ausschneiden

Auslichtungsschnitt im Spätwinter

Der beste Pflanzenschutz ist die Gesunderhaltung der Obstgehölze. Dazu gehören der Schnitt und die Versorgung mit Kompost. Schädlinge sind selten. Gegen Mehltau und andere Krankheiten helfen eine gute Sortenwahl und ein luftiger Stand bzw. das regelmäßige Auslichten. Falls nötig, bekommen erkrankte Pflanzen eine Behandlung mit pflanzlichen Spritzmitteln wie etwa Schachtelhalmtee.

Wildobsthecken

Wer es lieber üppiger mag, kann auch zu Kornelkirschen, Haselbüschen, Hagebuttenrosen, Felsenbirnen, Holunder und anderen Wildobstbüschen greifen. Damit lassen sich dichte Grundstückseinfriedungen schaffen, die reinen Blütenhecken in der Fülle nicht nachstehen. Wenn in solche gemischte Obsthecken auch Apfel-, Birnen- und Quittenbuschbäumchen sowie Beerensträucher aufgenommen werden, sind zudem reichlich Tafelobsterträge zu erwarten.

Wildobsthecken entwickeln sich besonders prächtig bei einer Pflanzung im Verband. Dabei werden mehrere Reihen nebeneinander gesetzt, wobei jeweils die Pflanzen der zweiten Reihe in Lücken zur ersten Reihe kommen. Bei mehrreihigen Verbänden ist eine Höhenabstufung für die Entwicklung günstig. Und zwar sollten größere Exemplare wie Ebereschen (auch Züchtungen mit essbaren Früchten wie z. B. die Mährische Eberesche), Kornelkirschen und Haseln in die Mitte aufgenommen werden. Die kleineren Arten wie Johannisbeerbüsche, Zierquitten, Apfelbeeren (*Aronia*) und dergleichen kommen an die Ränder. Wildobsthecken brauchen natürlich wesentlich mehr Raum als Tafelobsthecken. Sie können etwa zur Einfriedung von Streuobstwiesen dienen oder zur Abschirmung windiger Nordseiten. Sie brauchen keine besondere Pflege. Ein gelegentlicher Auslichtungsschnitt fördert die Verjüngung.

Wildobststräucher im Winter auslichten

Ein Holunderstrauch in voller Blüte

Ein Holzzaun – kombiniert mit einer Blütenhecke

Kombinationen

Natürlich lassen sich verschiedene Einfriedungsarten verbinden oder auch miteinander kombinieren. So passt etwa als Windschutz an die Nordseite eine dichte Hecke, während zur Straße eine Mauer abschirmt und angrenzende unbebaute Flächen nur mit einem leichten Zaun optisch abgetrennt werden. Verschiedene Eingrenzungen bieten sich auch innerhalb des Gartens zur Raumaufteilung an. So kann etwa eine kleine Beerenobst-Hecke zur Abschirmung des Gemüsegartens dienen oder eine kniehohe Buchsbaum-Hecke zur Einrahmung der Kräuterbeete. Ebenso lassen sich zwei oder sogar mehrere Einfassungsarten kombinieren. Ein Drahtzaun wird beispielsweise durch Kletterpflanzen bunter und durch eine beigepflanzte Hecke dicht.

Holzzaun und Buchseinfassungen

Formschnitthecken

Viele verschiedene Bäume und Sträucher eignen sich für Formschnitthecken. Die strenge Heckenerziehung steht allerdings dem natürlichen Wachstum der Gehölze entgegen. Formschnitthecken müssen deshalb von Anfang an streng erzogen werden, damit sie von Grund auf an die Form gewöhnt („getrimmt") werden.

Ligusterhecke vor dem Schnitt …

… und nach dem Schnitt

Die Erziehung beginnt im Prinzip schon bei der Pflanzung, bei der 3 bis 4 ausgewählte Gehölze pro Meter in die Reihe kommen. Die Auswahl richtet sich nach der Höhe der gewünschten Hecke. Für hohe Formschnitthecken eignen sich nur stark wachsende Arten wie Buchen, Hainbuchen oder Thujen. Für kleine Hecken oder Beeteinfassungen eignen sich diese großen Bäume natürlich nicht. Dafür haben sich schwach wachsende Sträucher wie Buchsbäumchen, Berberitzen oder Immergrünes Geißblatt besser bewährt. Streng geschnittene Hecken lassen sich schmal wie Mauern halten. Sie brauchen jedoch mindestens einmal jährlich einen Schnitt – ausgenommen streng säulenförmige Pflanzen, wie etwa Säulenthujen. Die beste Zeit dazu ist im Sommer, etwa Ende Juni, sobald sie den Hauptzuwachs vollendet haben. Danach wachsen sie weniger stark und halten bis zum nächsten Frühjahr weitgehend ihre Form. Hainbuchen, Buchen und andere stark wachsende Arten werden eventuell im Spätsommer noch einmal nachgetrimmt.

Verschiedene Heckenprofile

Pflanzbeispiel: Hainbuchenhecke

Jungpflanzen wässern

→ Hainbuchen mit losen Wurzeln

Wurzelschnitt

→ Jungpflanzen einsetzen

Pflanzen festtreten

→ Angießen

Eine Gartenecke – mit Säulenthujen eingefriedet

Säulenformen ersparen den Schnitt

Anders als Buchen, Hainbuchen oder gewöhnliche Thujen, die nicht nur hohe Bäume bilden, sondern in freiem Stand auch mächtig in die Breite gehen, bleiben einige Wildformen und Züchtungen schlank. Solche Gehölze sind besonders gut für schmale Hecken geeignet, sie brauchen auch keinen Schnitt. Dazu zählen beispielsweise Säulenthujen (*Thuja occidentalis* 'Columna'), Säulenwacholder (*Juniperus communis* 'Hibernica'), Säuleneiben (*Taxus baccata* 'Fastigata') oder Säulenhainbuchen (*Carpinus betulus* 'Fastigata'). Diese Sorten sind gewöhnlich etwas teurer als Wildformen. Die Pflanzung lohnt sich aber, da sie auch ohne Schnitt schön dicht aufwachsen und viel Arbeit ersparen. Natürlich sind Hecken aus solchen säulenförmigen Sorten schnittverträglich, wenn Sie besonders strenge Strukturen wünschen.

Buchshecken in einem nach klassischen Vorbildern angelegten Garten

Hohe und niedrige Formschnitthecken

Die Entscheidung für eine bestimmte Heckenart richtet sich unter anderem nach der vorhandenen Fläche und nach der für die Pflege aufzuwendenden Zeit. Natürlich dürfen starkwüchsige Heckenpflanzen wie Buchen oder Hainbuchen nicht vernachlässigt werden. Diese Waldbäume treiben stark durch und wachsen zu mächtigen Gehölzen heran, wenn sie keinen Schnitt bekommen.

Tipp Nur Pflanzen mit gleicher Wuchsstärke kombinieren

Manchmal sind Formschnitthecken zu sehen, die ziemlich unregelmäßig wirken. Das liegt daran, dass Pflanzen mit unterschiedlichen Wuchseigenschaften zusammen in eine Reihe gesetzt wurden. So gibt es beispielsweise vom Buchsbaum neben der heimischen Wildart (Buxus sempervirens) auch Sorten, die sich durch andere Wuchseigenschaften auszeichnen. Während der wilde Buchs bis zu 2 m hohe Büsche bildet, bleiben Sorten wie der typische Einfassungsbuchsbaum (Buxus sempervirens 'Suffruticosa') kompakt. Wenn nun Exemplare dieser beiden verschiedenen Pflanzen in die Reihe gesetzt werden, treiben die wilden Buchsbäumchen immer wieder stärker aus als die schwach wachsenden Einfassungsbuchsbäumchen. Achten Sie beim Kauf oder auch bei der Vermehrung eigener Jungpflanzen durch Stecklinge darauf, dass sie von derselben Mutterpflanze stammen oder zumindest die gleichen Wuchsstärken haben. Das gilt natürlich auch für andere Heckenpflanzen wie Eiben, Thujen oder Scheinzypressen, von denen es Sorten mit völlig unterschiedlichen Wuchseigenschaften gibt.

Dagegen bleiben Buchsbäumchen oder Zwergberberitzen von Natur aus kompakt. Sie wachsen allerdings auch ziemlich langsam und brauchen viele Jahre, bis sie dichte Pflanzstreifen bilden. Recht häufig werden deshalb Liguster als Heckenpflanzen verwendet. Diese heimischen Sträucher wachsen zügig auf und lassen sich dennoch recht einfach in Form halten.

Hainbuchenhecke

Gemischte Formschnitthecken

Besonders auffällig bunte Formschnitthecken lassen sich durch die Auswahl verschiedener Sorten schaffen. So können beispielsweise Hecken in gelben, grünen und blauen Farben entstehen, wenn entsprechende Scheinzypressen-Sorten kombiniert werden (so etwa *Chamaecyparis lawsoniana* 'Golden Wonder', *C. l.* 'Columnaris' oder *C. l.* 'Glauca Spek').

Gemischte Scheinzypressenhecke (gelbe und grüne Sorten)

Beachten Sie bei der Kombination solcher bunten Hecken aber auch die Wuchseigenschaften der ausgewählten Sorten. Sie müssen sich in etwa gleichen. Keinesfalls dürfen schwach wachsende und stark wachsende Züchtungen in einer Reihe direkt nebeneinander gepflanzt werden. Es sei denn, die Hecke soll nicht streng in Form bleiben, sondern darf auch wellig oder unregelmäßig wachsen.

Heckenpflanzen im Porträt

Wer seine Gartenpflanzen hegt und pflegt, will mehr über deren Eigenschaften wissen, als die Sorten-Anhänger des Gartencenters in Stichworten verraten. Daher präsentieren wir Ihnen hier die die wichtigsten Heckenpflanzen in ausführlicher Beschreibung

Berberis thunbergii 'Atropurpurea'

Berberitze (Berberis)

Die Berberitze ist ein Sauerdorngewächs, das in ca. 500 Arten auf der ganzen Welt verbreitet ist. Die meisten Arten sind winterhart und anspruchslos. Sie gedeihen auf fast jedem Boden. Allerdings vertragen sie keine stauende Nässe. Es gibt immergrüne und laubabwerfende Arten, die meist in den Monaten Mai und Juni orangerote oder gelbe Blüten tragen. Manche der laubabwerfenden Arten färben sich zum Jahresende leuchtend scharlach- oder orangerot. Die dornigen Blätter und Triebe der Berberitze bilden eine undurchdringliche Hecke und dienen kleinen Vögeln als sicherer Nistplatz.

Die laubabwerfende *Berberis thunbergii* 'Atropurpurea', deren bronze- bis kupferfarbene Blätter im Herbst purpurrot werden und die sehr schnittverträglich ist, hat sich als Gartenhecke bewährt. Sie erreicht nach 3 Jahren eine Höhe von ca. 90–120 cm und nach 6 Jahren eine Höhe von ca. 180 cm. Es gibt auch eine Zwergform, die noch kompaktere Heckenstreifen bildet. Diese beiden Sorten bevorzugen einen sonnigen Standort, während sich immergrüne Arten auch mit Halbschatten zufrieden geben.

Berberitzen pflanzt man am besten bei mildem Wetter in den Monaten Oktober bis März. Der Pflanzabstand in der Hecke sollte ca. 30–50 cm betragen. Nach dem Pflanzen werden die Triebe etwas eingekürzt, was ein buschiges Wachstum fördert. Die jungen Berberitzen muss man gründlich wässern und im zeitigen Frühjahr mit Kompost mulchen.

Berberitzenhecken schneidet man einmal jährlich in Form. Die günstigste Zeit für den Schnitt ist der Sommer. Immergrüne Arten, die gelegentlich Frostschäden zeigen, verjüngen sich nach einem Rückschnitt im Frühjahr wieder aus der Basis. Alle Berberitzen können aus Samen oder aus Stecklingen gezogen werden.

Buchshecken kommen auch im Schatten hoher Bäume noch ganz gut zurecht

Laubgehölze

Buchs (Buxus sempervirens) – immergrüner Buchsbaum

Der heimische Buchs ist in freier Natur selten. Seine besonderen Eigenschaften, vor allem seine Schnittverträglichkeit und sein glänzend grünes Laub, machen ihn jedoch zu einer willkommenen Gartenpflanze. Der Buchsbaum, oder sagen wir besser: das Buchsbäumchen, lässt sich beliebig formen und gestalten. Es bleibt ihm ja auch nichts anderes übrig. Jedenfalls ist dieses heimische Laubgehölz unvergleichlich, was seine Schnittverträglichkeit angeht. Man kann es zu Kugeln, Kegeln, Säulen und anderen Figuren oder zu niedrigen Hecken zurechtstutzen.

Von Natur aus ist der immergrüne Buchs (*Buxus sempervirens*) ein kleiner Baum oder großer Strauch, der bis zu 8 m hoch werden kann. In freier Natur wachsen Buchsbäumchen im Mittelmeerraum gelegentlich wild. In Deutschland findet man sie nur selten an der Mosel oder am Oberrhein. Häufiger wachsen die immergrünen Laubgehölze in Gärten und Parks. In den Gärten dienen sie vorwiegend für niedrige, immergrüne Hecken, insbesondere in Bauerngärten, oder für Figuren. Vor allem in barocken Parkanlagen findet man häufig Buchsfiguren. In Landschaftsgärten dürfen die Bäumchen oft auch frei wachsen, vorzugsweise im Unterholz von Baumgruppen, denn den Schatten und den Wurzeldruck anderer Gehölze vertragen sie gut. Ungeschnittene, frei wachsende Buchsbäumchen kommen im Frühjahr zum Blühen. Die kleinen gelblichen Blüten duften recht stark. Es lohnt sich also auch im Garten, wenigstens ein Exemplar frei wachsen zu lassen. Die genügsame Pflanze braucht ohnehin keinen besonderen Platz. Sie gedeiht überall, am besten auf leichten, kalkhaltigen Böden. Man kann sie an eine sonnige Südseite oder auch in einen schattigen Vorgarten setzen. Nur große Kälte macht ihr manchmal zu schaffen, weil sie bei strengem Bodenfrost kein Wasser aufnehmen kann – und das braucht sie als Immergrüne auch im Winter. Jedenfalls sollten Jungpflanzen in rauen Regionen einen Frostschutz, z. B. aus Fichtenreisig, und – falls nötig – auch im Winter Wasser bekommen.

Typische Buchshecke

Buchseinfassungen

Den Schnitt vertragen Buchsbäumchen am besten im Frühjahr. Ins Holz sollten sie jedoch nicht geschnitten werden oder nur, wenn sie stark zurückgefroren sind. Ein kräftiger Rückschnitt bekommt ihnen – wie allen Immergrünen – schlecht. Figuren oder Einfassungshecken müssen deshalb von Jugend an regelmäßig getrimmt werden. Dabei nimmt man ihnen immer nur die grünen Spitzen. Wenn besonders akkurate Formen gewünscht werden, kann man im Sommer noch einmal nachschneiden; aber nicht zu spät, sonst bleiben Kahlstellen bis zum Austrieb im nächsten Jahr sichtbar.

Buchskugeln in Gruppen

Buchsbaum-Stämmchen

Wenn ein Buchs als Bäumchen gezogen werden soll, ist es nötig, eine ausgewählte Pflanze schon von Jugend an zu beschneiden. Dazu wählt man ein Exemplar, das einen kräftigen geraden Mitteltrieb hat. Alle übrigen Triebe werden weggeschnitten, sodass ein kleines Stämmchen entsteht. Dieses wird nun immer weiter „aufgeputzt" (frei geschnitten), bis die gewünschte Kronenhöhe erreicht ist. Dann lässt man

Die kleinen Buchsbäumchen brauchen schon nach der Pflanzung den regelmäßigen Schnitt, damit sie strenge Formen bekommen. Hier werden die Jungpflanzen zu Kugelbäumchen getrimmt

die Seitentriebe wieder wachsen, damit sich eine Krone bildet. Je nach gewünschter Form wird diese Krone streng – etwa in Kugelform – geschnitten oder locker gehalten. Zwei solche Buchsbaum-Stämmchen sind beispielweise sehr schöne Spalierbäume am Hauseingang oder – als Kübelpflanzen – besondere Gestaltungselemente auf der Terrasse.

Buchs als Beeteinfassung

Sehr beliebt sind kleine Buchshecken etwa im Bauerngarten. Sie rahmen die Beete grün ein und halten den Phlox, die Pfingstrosen und andere üppige Stauden im Rahmen. Für solche Hecken sind natürlich eine Menge Pflanzen nötig. Vorzugsweise nimmt man schwach wachsende Sorten. Besonders eignet sich *Buxus sempervirens* 'Suffruticosus'. Die Wildform, also

Buxus sempervirens, ist für solche Hecken weniger geeignet, es sei denn, man nimmt den stärkeren Wuchs und damit auch einen häufigeren Schnitt in Kauf. Keinesfalls dürfen aber Jungpflanzen in freier Natur ausgegraben werden. Der Buchs ist eine nach der Bundesartenschutzverordnung geschützte heimische, europäische sowie außereuropäische Art. Sämlinge sind ohnehin sehr selten und nur in wenigen Regionen zu finden.

Buchseinfassungen im Bauerngarten

Jungpflanzen für den Garten bekommt man aus eigener Vermehrung durch Stecklinge oder manchmal auch recht günstig in Gartenmärkten als schon kräftige Topfpflanzen. Für eine Hecke, die dicht zusammenwachsen soll, braucht man etwa 10 Exemplare pro Meter. Außerdem muss man den Pflanzstreifen nach dem Anwachsen der Jungpflanzen regelmäßig streng schneiden. In solch engem Stand brauchen die Buchsbäumchen natürlich eine gelegentliche Düngung, vorzugsweise im Frühjahr nach dem Austrieb. Ein wenig Kompost oder ein anderer organischer Langzeitdünger, der in die Hecke gestreut wird, hält die Pflanzen vital und grün.

Buchs für immergrüne Pflanzgruppen

An schattigen Nordseiten oder unter hohen Bäumen ist der Buchs zusammen mit anderen Immergrünen ein wertvolles Gehölz. Solche immergrünen Pflanzgruppen können – neben dem Buchs – aus Stechpalmen (*Ilex aquifolium*), Mahonien (*Mahonia aquifolia*), immergrünem Liguster (*L. sempervirens*), Efeu (*Hedera helix*), immergrünem Geißblatt (*Lonicera henry*), Immergrün (*Vinca minor*) und anderen immergrünen Laubgehölzen arrangiert werden.

Scheinzypresse im Kübel

Dazu passen auch Rhododendren, wenn diese an den Pflanzstellen sauren Boden bekommen. Ebenso lassen sich Eiben und andere schattenverträgliche Nadelgehölze dazu gesellen.

Hainbuche (Carpinus betulus)

Als typischer Waldbaum erreicht die Hain- oder Weißbuche eine Höhe von 25 m und ein Alter von 150 Jahren. Sie gehört zu den Birkengewächsen und kommt in den Laubwäldern und Gebüschen der gemäßigten Klimazonen Europas und Vorderasiens vor. Das Holz des Baumes wird wegen seiner Härte und Zähigkeit sehr geschätzt. In Parkanlagen sieht man Hainbuchen häufig als Solitärbäume. Wegen ihrer guten Schnittverträglichkeit und ihrer Ausschlagsfähigkeit ist die Hainbuche eine sehr beliebte Heckenpflanze. Bei entsprechendem Schnitt eignen sich Hainbuchen zur Anlage mächtiger, dichter Schutzwälle. Die Blätter der Hainbuche sind elliptisch geformt und haben fein gezackte Ränder. Sie verfärben sich im Herbst braun und fallen erst im Frühjahr ab, wenn bereits wieder frisches Grün sprießt. Die Hainbuche ist ausgesprochen widerstandsfähig gegen Industrie- und Autoabgase.

Hainbuchenhecken werden von Oktober bis März gepflanzt, vorzugsweise dienen dazu Jungpflanzen mit losem Wurzelwerk. Der Abstand der einzelnen Pflanzen sollte etwa 35 cm betragen. In den ersten beiden Jahren nach der Pflanzung ist mit Ausfällen zu rechnen. Besser sind die Anwachschancen von Ballenpflanzen, die keinen Pflanzschnitt brauchen und sofort nach der Pflanzung dichte Bestände bilden. Solche schon großen Exemplare kosten natürlich wesentlich mehr als kleine Jungpflanzen mit losen Wurzelballen. Der Boden sollte gleichermaßen tiefgründig und gut gelockert sein. Nach der Pflanzung sind regelmäßige Wassergaben nötig. Später ist, außer dem regelmäßigen Schnitt, keine weitere Pflege erforderlich.

Hainbuchenhecke mit Torbogen

Nach drei Jahren ist die Hecke aus Jungpflanzen etwa 1 m hoch; nach sechs Jahren erreicht sie eine Höhe von 1,50–2 m. Sie bekommt zweimal im Jahr den Pflegeschnitt, und zwar etwa Ende Juni, wenn sie den Hauptjahreszuwachs hervorgebracht hat, und dann nochmals im Spätsommer.

Eine Kornelkirsche mit ihren prächtigen Blüten

Laubgehölze

Kornelkirsche (Cornus mas)

Die Früchte dieses Hartriegels fallen oft ungenutzt zu Boden. Sie sind unbekannt und werden in der Fülle des herbstlichen Fruchtangebotes auch von den Vögeln nur in kleinen Mengen verzehrt. Indes sind Kornelkirschen durchaus gute Früchte, obwohl sie mit den echten Süß- oder Sauerkirschen nur den Namen gemeinsam haben.

Der Strauch, auf dem sie wachsen, ist ein 3–4 m hohes, kräftiges Gehölz. Er wird oft in Wildstrauchhecken gepflanzt, wo er gemeinsam mit dem verwandten Rotholzhartriegel (*Cornus sanguinea*) und anderen Wildsträuchern ein überaus dichtes Zweigwerk entwickelt. Im Unterschied zum wuchernden Rotholzhartriegel, der sich stark durch Wurzelausläufer vermehrt, bleibt der Kornelkirschenstrauch recht kompakt. Er eignet sich daher auch als Obstgehölz für den Hausgarten; er wächst auf jedem normalen Boden und braucht keine besondere Pflege. Ein Schnitt ist nicht erforderlich, wird aber gut vertragen. Kornelkirschensträucher lassen sich sogar als Formschnitthecken oder auch als kleine Bäumchen ziehen. Natürlich tragen sie in der geschnittenen Hecke nur wenige Früchte. Frei wachsende Sträucher oder Bäumchen fruchten aber reich und regelmäßig. Ein Exemplar genügt, denn der Strauch ist selbstfruchtbar. Die Blüten sind völlig frosthart. Bei mildem Wetter öffnen sie sich schon im Februar und blühen dann bis zum März/April ganz auf. Kornelkirschensträucher sind deshalb auch durchaus empfehlenswerte Blütensträucher und wertvolle Bienenweiden im zeitigen Frühjahr.

Bis zum Sommer entwickeln sich aus den unzähligen gelbe Blütchen eine Menge roter Früchte. Sie reifen nach und nach etwa vom August bis in den Oktober hinein. Man sollte daher immer wieder durchpflücken oder die reifen Früchte z. B. auf eine Folie schütteln, sie gewinnen

Kornelkirsche als Formschnitthecke

an Süße und Geschmack. Hellrote Kornelkirschen sind ziemlich sauer. Nur die völlig reifen, dunkelroten Früchte schmecken süß. Die walzenförmigen Steinfrüchte sind, anders als Kirschen, sehr fest und lange haltbar. Sie platzen nicht und halten sich wochenlang am Strauch. 100 g reife Früchte enthalten etwa 0,4 g Eiweiß, 0,5 g Mineralstoffe, 10 g Zucker, 3 g Säure, 0,5 g Pektine und reichlich Vitamin C. Wer sie roh nicht mag, kann sie sehr gut zu Gelee verarbeiten oder zu Saft, Wein und auch Kompott. Dazu müssen die Früchte wie Kirschen entsteint werden. Die Steine eignen sich zur

Vermehrung. Sie werden sofort nach der Ernte im Freiland in einer Reihe ausgesät, wo sie bereits im nächsten Frühjahr recht gleichmäßig keimen. Sträucher mit besonders guten Früchten lassen sich auch ungeschlechtlich – also nicht aus Samen, sondern aus Absenkern – gewinnen. Dazu drückt man junge, elastische Triebe zu Boden und befestigt sie z. B. mit Haken oder überkreuzten Stäben. Nach dem Anhäufeln mit lockerer Erde dauert es etwa ein Jahr, bis die Triebe Wurzeln bilden und als Jungpflanzen abgetrennt und an anderer Stelle ausgepflanzt werden können.

Buchen-Formschnitthecke

Buchen behalten ihr welkes Laub im Winter

Laubgehölze

Buche (Fagus sylvatica)

Die Rotbuche ist als einer der mächtigsten heimischen Waldbäume eine äußerst ungewöhnliche Heckenpflanze. Der starkwüchsige Baum, der eine Höhe von über 20 m erreichen kann, kommt als Gestaltungselement oft in Parks und großen Gärten zum Einsatz. Er eignet sich aber auch für Formschnitthecken.

Das sommergrüne Gehölz zeichnet sich durch glänzend grüne, fein gezahnte Blätter aus, die sich nach der Färbung im Herbst oft noch den ganzen Winter am Baum halten. Das rotbraune Laub ist auch dann noch sehr schön anzusehen. Das Holz der Buche ist wegen seiner Härte und Schönheit im Möbelbau sehr geschätzt. Die Wildart und ihre kupfer- und purpurfarbenen Formen wie die Blutbuche sind als Windschutz vorzüglich geeignet. Aus diesem Grund werden sie sehr gern für Formschnitthecken eingesetzt.

Buchenhecke als Grundstückseinfriedung

Die Buchenpflänzchen werden von Oktober bis März im Abstand von ca. 45 cm an einem sonnigen oder halbschattigen Standort gepflanzt. Sie wachsen auf fast jedem Boden. Nur sehr schwere, nasse Plätze vertragen sie nicht. Nach der Pflanzung brauchen die Bäumchen einen kräftigen Rückschnitt. Das Einkürzen aller Triebe etwa um die Hälfte erleichtert das Anwachsen. Bei Containerpflanzen, die auch im Sommer gesetzt werden können, ist dies nicht erforderlich. Containerpflanzen sind allerdings wesentlich teurer, was bei der Anlage einer größeren Hecke deutlich höhere Kosten verursacht.

Die Formschnitthecke aus Buchenbäumchen wird zweimal jährlich geschnitten, und zwar im Frühsommer etwa Ende Juni und dann noch einmal im Spätsommer. Sie erreicht nach drei Jahren eine Höhe von ca. 120 cm. Nach sechs Jahren ist sie etwa 150–200 cm hoch.

Forsythienhecken blühen im Frühjahr

Laubgehölze

Forsythie (Forsythia x intermedia)

Die leuchtenden, goldgelben Forsythien entfalten ihre Pracht im April, wenn noch wenige andere Pflanzen blühen. Es gibt Forsythien in unterschiedlichen Sorten. Als Heckenpflanzen sind die *Forsythia* x *intermedia*-Sorten gleichermaßen gut geeignet. Sie zeichnen sich durch kräftige, aufrecht wachsende Triebe und einen zuverlässigen, üppigen Flor aus. Diese typischen Frühjahrsblüher passen vorzüglich in gemischte Hecken. Sie lassen sich aber durchaus auch als Formschnitthecken ziehen. Forsythien mögen direkte Sonne oder lichten Schatten. Sie stellen an den Boden keine besonderen Ansprüche.

Man kann Forsythien bei mildem Wetter von Oktober bis März auf gut vorbereitetem, lockerem Boden pflanzen. Für dichte Formschnitthecken ist ein Pflanzabstand von ca. 50 cm möglich. In gemischten Blütenhecken sind größere Pflanzabstände einzuhalten (etwa 1,5–2 m), damit sich die Sträucher frei entfalten können. Im späten Frühjahr bekom-

Forsythien werden im Frühjahr umgepflanzt

men Forsythien eine Mulchschicht aus Kompost oder verrottetem Stallmist. Das hält sie im Wurzelbereich feucht, trägt zur Bodenlockerung bei und unterdrückt störende Wurzelunkräuter. Bei längerer Trockenheit müssen junge Pflanzen gut gegossen werden.

Die recht robusten Sträucher sind völlig frosthart und brauchen keinen Winterschutz. Im Herbst vor dem Blattfall warten sie mit rostrotem Laub auf. Forsythien sind sehr schnittverträglich. Es genügt aber, nach der Blüte einige alte Zweige bis zum Boden zurückzuschneiden. Dadurch können sich im Sommer junge Triebe entwickeln, die dann im nächsten Frühjahr blühen. Die Vermehrung ist aus holzigen Stecklingen möglich, die im Winter geschnitten und in tiefe Töpfe mit lockerem Substrat oder direkt in den Gartenboden gesteckt werden.

Laubgehölze

Kirschlorbeer (Prunus laurocerasus)

Der Kirschlorbeer ist ein aus Kleinasien stammendes Rosengewächs. Er wird in zahlreichen Sorten als dekorativer Zierstrauch kultiviert. Der immergrüne Strauch fällt durch seine großen, glänzend grünen Blätter auf. Er erreicht – je nach Sorte – eine Höhe von 0,5–3 m. Aus den langen, cremeweißen Blütentrauben, die sich im April/Mai öffnen, entwickeln sich schwarzrote Früchte. Vorsicht: Alle Pflanzenteile sind giftig. Sie enthalten Blausäure!

Jungpflanzen werden meist als Containerpflanzen angeboten. Als solche können sie jederzeit in den Garten umgesetzt werden. Kirschlorbeer gedeiht an sonnigen und schattigen Plätzen und kommt auch auf kalkhaltigen Böden zurecht. Nach dem Pflanzen muss reichlich gegossen werden. Gießen muss man später bei Trockenheit auch im Winter, denn immergrüne Gehölze wie der Kirschlorbeer verdunsten auch im Winter Wasser.

Reichliche Kompostgaben versorgen den Boden unter Kirschlorbeerhecken mit den nötigen Nährstoffen und verhindern zugleich ein Austrocknen des Wurzelwerks. Winterschutz ist normalerweise nicht erforderlich, bei einer Hecke allerdings auch kaum möglich.

Schäden, die sich nach strengem Frost an den Blättern bemerkbar machen, sollten erst im Frühjahr behandelt werden. Meistens verjüngen sich die Büsche von selbst wieder aus den noch grünen Trieben. Kirschlorbeerbüsche eignen sich vorzüglich für immergrüne Hecken. Allerdings sind die Sortenunterschiede zu beachten. Hohe Hecken lassen sich nur mit wenigen Sorten ziehen (z. B. *Prunus laurocerasus* 'Macrophylla'). Die meisten Sorten bilden nur kniehohe Büsche.

Kirschlorbeerhecken brauchen einen behutsamen Schnitt. Keinesfalls dürfen die schönen, großen Blätter verletzt werden. Der Rückschnitt erfolgt deshalb nicht mit der Heckenschere, sondern mit der Astschere. Die Vermehrung von Jungpflanzen ist durch Sommerstecklinge möglich.

Eine Hecke aus Kirschlorbeer wird gepflanzt

Eine Ligusterhecke trennt verschiedene Gartenbereiche

Liguster (Ligustrum vulgare)

Der Liguster gehört zur Gattung der Ölbaumgewächse. Im südlichen und östlichen Asien sind etwa 50 Arten dieses immer- oder sommergrünen Strauches bekannt. In Mitteleuropa kommt besonders der Gemeine Liguster (*Ligustrum vulgare*) in lichten Wäldern und Gebüschen vor. Er wird bis zu 5 m hoch. Im Juli treten weiße, kleine Blüten hervor, die sehr stark duften. Daraus bilden sich im Herbst schwarze Beerentrauben. Das Laub ist dunkelgrün, glänzend und wird nur bei strengem Frost abgeworfen. Vorsicht: Laub, Holz und Beeren des Ligusters sind giftig!

Als Hecke kultiviert, bilden die wintergrünen Sträucher eine dichte Barriere. Da sie zu den schnittverträglichsten Pflanzen gehören, eignen sie sich ausgezeichnet für Formschnitthecken. Sie wachsen an sonnigen, aber auch an schattigen Standorten. Die Ligusterjungpflanzen werden von Oktober bis April in einem Abstand von ca. 45 cm gepflanzt. Die Anlage einer Ligusterhecke ist auch im Sommer möglich, wenn Containerpflanzen oder selbst gezogene Jungpflanzen in Töpfen zur Verfügung stehen. Sie stellen keine besonderen Ansprüche an den Boden. Lediglich sandige Böden sollten mit verrottetem Gartenkompost verbessert werden. Weitere Pflegemaßnahmen sind nicht erforderlich. Nur in leichten Böden, die besonders zur Austrocknung neigen, brauchen die Jungpflanzen gelegentlich Wassergaben. Ein Winterschutz ist überflüssig. Frieren wintergrüne Ligusterarten bei strengem Frost zurück, treiben sie nach einem kräftigen Rückschnitt bald wieder kräftig aus.

Liguster, als Figur gezogen, im Kübel

Ligusterhecken bleiben streng in Form, wenn sie mehrmals im Jahr geschnitten werden. Allerdings genügt wie bei anderen Hecken aus vergleichbaren Sträuchern ein Schnitt im Jahr, und zwar etwa Ende Juni, wenn der Hauptjahreszuwachs vollendet ist. Die Vermehrung von Ligusterjungpflanzen ist mit Stecklingen möglich, die im Winter geschnitten und in tiefe Töpfe mit lockerer Erde gesteckt werden.

Feuerdorn (Pyracantha)

Der Feuerdorn trägt sehr schöne Früchte

Der Feuerdorn gehört zur Gattung der Rosengewächse. Als Gartengehölze haben sich weniger die Wildformen als vielmehr die verschiedenen Züchtungen bewährt. Die Wildart, von der viele Sorten abstammen, hat ihre Heimat im südlichen Europa. Sie erreicht eine Höhe von 200–300 cm. Von Mai bis Juni ist der Feuerdorn mit weißen, duftenden Blütentrauben bedeckt. Daraus entwickeln sich gelbe bis scharlachrote Beeren. Diesen prächtigen Farbenschmuck trägt der immergrüne Strauch bis in den Winter hinein. Auch Formschnitthecken blühen und fruchten üppig. Mit ihren spitzen Dornen bilden Feuerdornhecken eine dichte, schützende Barriere. Die immergrünen Sträucher sind vielseitig einsetzbar. Sie können als frei stehende Büsche, als Spaliersträucher an Mauern und als Heckenpflanzen kultiviert werden.

Bewurzelte Stecklinge vom Feuerdorn

Beim Anlegen einer Hecke werden die Feuerdornpflänzchen im Abstand von etwa 30–50 cm eingesetzt. Pflanzzeit ist bei mildem Wetter vom Frühjahr bis zum Herbst. Jungpflanzen werden in Töpfen angeboten. Reichliche Wassergaben nach der Pflanzung und das Mulchen mit Kompost fördern die Entwicklung.

Der Feuerdorn ist von Natur aus ein genügsamer Strauch. Er kommt selbst auf kargen Böden zurecht. Am besten passt ihm ein vollsonniger Standort. Ein Winterschutz ist nicht nötig, obwohl die Sträucher bei strengem Frost Blattschäden hinnehmen müssen. Sie treiben im Frühjahr wieder aus. Ein Rückschnitt der geschädigten Triebe sollte deshalb nicht zu früh geschehen. Feuerdornhecken werden sonst im Frühsommer mit der Schere in Form gebracht. Die Vermehrung von Jungpflanzen ist durch Sommerstecklinge möglich.

Schneeball (Viburnum)

Viburnum-Arten gehören zur Familie der Geißblattgewächse (Caprifoliaceae). Der „Zander", ein umfassendes Wörterbuch der Pflanzennamen, in dem fast alle bekannten Pflanzen aufgelistet sind, stellt 55 verschiedene Arten vor. Die Liste reicht vom *V. acerifolium*, der in Nordamerika heimisch ist, bis zum *V. wrightii*, der aus Ostasien stammt. In Mitteleuropa kommen nur der Wollige Schneeball (*V. lantana*) und der Gemeine Schneeball (*V. opulus*) wild vor. Diese beiden sind keine auffälligen Schönheiten. Sie gedeihen deshalb weniger in den Gehölzbeständen der Hausgärten, sondern wachsen vorwiegend in freier Natur oder in Straßenpflanzungen und Wildstrauchhecken. Hier haben sie aber durchaus einen Wert für Insekten, die Blütenstaub sammeln, oder auch für Singvögel, die sich die Beeren schmecken lassen. Für Menschen sind die Beeren übrigens giftig. Das ist wohl ein Grund für die eher seltene Pflanzung in Hausgärten, wo Kinder besonders gefährdet sind.

Viburnum x burkwoodii in voller Blüte

Ans Haus passen ohnehin ursprünglich exotische Arten und Züchtungen besser. So etwa Duftschneeball-Arten wie der im Winter blühende *Viburnum fragrans* (= *V. farreri*), der aus China stammt und mittlerweile auch in Europa etabliert ist, oder der ursprünglich koreanische Duftschneeball *V. carlesii*, dessen große Blütenkugeln im Frühjahr einen sehr starken und angenehmen Duft verbreiten. Recht auffällig wirkt auch eine Züchtung des Gemeinen Schneeballs, die besonders große Blüten hervorbringt, aber keine Früchte entwickelt. Sie heißt *V. opulus* 'Sterile' (wegen der unfruchtbaren Blüten).

Einige Arten fallen weniger wegen ihrer Blüten auf, sondern wegen ihrer immergrünen Blätter. Sehr markant wirkt *V. rhytidophyllum* (griechisch rhytido = runzelig, phyllon = Blatt), der seine großen immergrünen Blätter auch bei Schnee und Eis behält. Die runzeligen Blätter sind aber nicht immer eine Au-

Schneeball-Arten

Art	Größe	Blütezeit
V. x bodnantense	bis 3 m	Februar/März
V. x burkwoodii	2–3 m	April/Mai
V. x carlcephalum	2–3 m	April
V. carlesii	2 m	April/Mai
V. davidii	0,50 m	Mai/Juni
V. farreri	2–3 m	Februar/März
V. lantana	2–3 m	Mai/Juni
V. opulus	2–3 m	Mai/Juni
V. opulus 'Sterile'	2–3 m	Mai/Juni
V. plicatum	2–3 m	Mai/Juni
V. rhytidophyllum	3–4 m	Mai/Juni

genweide. Im Winterhalbjahr haben sie jedoch ohne Zweifel als Sichtschutz oder als grüne Flecken im allgemeinen Grau oder Weiß einen Wert. Der große Strauch blüht wie die anderen Arten durchaus reich und regelmäßig, und zwar im Frühjahr.

Ein kleiner und leider empfindlicher immergrüner Schneeball kommt nur an geschützten Plätzen zum Einsatz: *V. davidii*. Er braucht saures Substrat und passt beispielsweise gut ins Heidebeet. Hier entwickelt er einen breiten, etwa kniehohen Busch.

Weniger als Gartenstrauch, sondern eher als Kübelpflanze eignet sich eine mediterrane Art, die auch als Laurustinus bekannt ist. Dieser ebenfalls immergrüne *V. tinus* braucht ein kühles, helles Winterquartier. Dann blüht er schon im März/April auf. Weitere Arten findet man in botanischen Gärten und zum Teil auch in Gartencentern. Sie wachsen alle strauchförmig und entwickeln mehr oder weniger hohe Büsche. Wer möchte, kann sie auch als kleine Bäumchen ziehen.

Viburnum-Arten passen am besten in gemischte Hecken. Die Winterblüher unter ihnen machen sich natürlich auch als Solitäre an der Terrasse gut, zudem sie bei jedem Wetter duftende Blüten entwickeln. Alle bekannten Arten – mit Ausnahme von *V. davidii*, der saure Erde braucht – gedeihen in jedem Gartenboden. Sie sind robust und pflegeleicht. Nur bei Trockenheit fallen häufig Läuse über sie her. Dagegen hilft eine Bodenbedeckung mit Rindenmulch, der zudem während der Verrottung zur Nährstoffversorgung beiträgt. Sonst ist keine besondere Düngung nötig, weil die Sträucher eigene Nährstoffvorräte im Boden ergründen.

Auch das Schneiden ist unnötig und sollte sogar vermieden werden, damit die Pflanzen ungehindert ihr buschiges Astwerk entfalten können. Natürlich nehmen sie den Schnitt einzelner Blütenzweige für die Vase ohne Schaden hin. Die Winterblüher eignen sich dann auch für die Treiberei. Sie brauchen keine besondere Behandlung und blühen recht zuverlässig vorzeitig im Zimmer auf.

Blühender Viburnum lantana in einer lockeren Hecke

Nadelgehölze

Scheinzypressen (Chamaecyparis-Arten und -Sorten)

In den südlichen Ländern ragen Zypressen fast überall kerzengerade in den Himmel. Nördlich der Alpen sind diese Nadelgehölze nicht winterhart. Hier können aber die robusten Scheinzypressen eine ähnliche Wirkung erzielen.

Das negative Image, das diesen prächtigen Bäumen ebenso wie den Lebensbäumen (Thujen) anhängt, rührt von ihrem massenhaften Einsatz als Heckenpflanze her. Ihre enorme Schnittverträglichkeit, die Robustheit und das immergrüne Blattwerk haben diese nordamerikanischen Waldbäume vielerorts zum „Einheitsgrün" werden lassen.

Selbstverständlich ist der Wert der Scheinzypressen als immergrüne Heckenpflanze nicht zu verachten. Dennoch sollten die verschiedenen Einsatzmöglichkeiten dieser Gehölze viel stärker hervorgehoben werden. Sie eignen sich sowohl für den freien Stand (als Solitäre) als auch für lockere Gruppenpflanzungen. Das breite Sortiment bietet für große und kleine Gartenanlagen etwas.

Die Wildformen wie z.B. Lawsons Scheinzypresse (*Chamaecyparis lawsoniana*) erreichen in ihrer nordamerikanischen Heimat Höhen von über 50 m. Bei uns gedeihen Zuchtformen in der Regel besser. In Parks und Gärten sieht man beispielsweise die Säulenscheinzypresse (*Ch. lawsoniana* 'Columnaris'), die streng säulenförmig und gerade wächst und dabei 5 bis 10 m hoch wird. Zum Einsatz kommen oft auch Sorten mit bunten Nadeln. Das können etwa gelbe Züchtungen sein wie *Chamaecyparis lawsoniana* 'Stewartii' oder solche mit blauen Nadeln (z. B. *Ch. l.* 'Alumii'). Die kleinen Züchtungen passen sogar in Kübel auf Balkone und Terrassen (z. B. *Ch. l.* 'Minima Aurea'). Im Handel sind weit mehr als 20 verschiedene Züchtungen von dieser Art zu bekommen. Es gibt sie auch als Containerpflanzen, die jederzeit in den Garten umgesetzt werden können.

Alle Arten sind schnittverträglich. Wenn besonders straffe Formen gewünscht werden, ist dies durch das Trimmen mit der Heckenschere möglich. Allerdings sollte die Formgebung schon von Jugend an regelmäßig im Sommer geschehen. Dabei

Starkwüchsige Leylandzypressen

Blaue Scheinzypressen-Hecke

werden immer nur die jungen Triebspitzen eingekürzt. Einen Schnitt ins alte Holz vertragen sie nicht. Die Vermehrung ist durch Stecklinge im Sommer möglich. Diese Methode bleibt aber normalerweise den Baumschulen vorbehalten, die über Sprühnebelanlagen in den Anzuchtgewächshäusern verfügen. Einfacher ist die Aufzucht schon bewurzelter Stecklinge, die sehr günstig zu bekommen sind.

Wie bei anderen Gehölzen beschränkt sich die Auswahl nicht nur auf eine Art und deren verschiedene Züchtungen. Vielmehr sind neben Lawsons Scheinzypressen noch Nutkazypressen (*Ch. nootkatensis*), Muschelzypressen (*Ch. obtusa*), Fadenzypressen (*Ch. pisifera*) und andere Arten zu bekommen sowie etliche große und kleine Züchtungen. Besonders zu erwähnen ist eine Kreuzung zwischen einer echten Zypresse und einer Scheinzypresse. Dieser Bastard, der als Leylandzypresse (*Cupressocyparis leylandii*) bekannt ist, zeichnet sich durch eine recht gute Frosthärte und einen starken Wuchs aus. In der Form gleicht der Baum mehr der breitkegeligen Scheinzypresse als der schlanken Mittelmeerzypresse.

Alle Arten sind gleichermaßen unkompliziert. Sie kommen auf jedem Gartenboden gut zurecht. Am besten gedeihen sie auf nährstoffreichem, tiefgründigem Lehmboden mit gutem Wasserabzug. Auf trockenen Böden sehen sie allerdings schütter und kränklich aus. Große Jungpflanzen gibt es oft recht günstig als Heckenpflanzen in Töpfen zu kaufen. Solche Containerpflanzen eignen sich natürlich auch als Einzelexemplare für den freien Stand. Sie lassen sich ebenso im Verband mit anderen Nadelgehölzen und Laubgehölzen in lockere gemischte Hecken einsetzen. Hier bieten sie im Winter einen wirksamen Wind- und Sichtschutz (z. B. auf der Nordseite).

Nadelgehölze

Lebensbaum (Thuja)

Der Lebensbaum gehört zur Gattung der Zypressengewächse. Es gibt natürliche Bestände in Nordamerika und Ostasien. Eine an der Westküste Nordamerikas beheimatete Art, der Riesenlebensbaum (*Thuja plicata*), erreicht eine Höhe von 30–60 m. In Europa ist vorwiegend der Abendländische Lebensbaum (*Thuja occidentalis*) in Kultur, der mit einer Höhe von ca. 15 m für große Gärten auch als Solitärbaum geeignet ist. In unseren Breiten wird diese schnell wachsende Thuja-Art sehr häufig als Hecke erzogen. Nach etwa drei Jahren erreicht sie bereits eine Höhe von 150 cm und bildet mit ihren dunklen, immergrünen Schuppenblättern einen ganzjährigen Sichtschutz.

Neben den beiden Wildarten sind etliche Züchtungen zu bekommen. Als ideale Heckenpflanzen haben sich vor allem Säulenlebensbäume (*Thuja occidentalis* 'Columna') bewährt. Hecken aus diesen von Natur aus schlanken Bäumen brauchen keinen Schnitt. Thujen werden im Herbst oder Frühjahr gepflanzt, wenn Ballenware – also Jungpflanzen mit Juteballen – zur Verfügung steht. Die Pflanzung von Containerware, das sind Jungpflanzen in Töpfen, ist auch im Sommer möglich. Der Standort sollte möglichst sonnig sein. Thujen wachsen auf jedem nicht zu trockenen Boden und sollten deshalb vor allem in der Zeit des Anwachsens regelmäßig und gründlich gegossen werden.

Thujenstecklinge schneiden

Thujen gehören neben den Eiben zu den schnittverträglichsten Nadelgehölzen. Sie werden einmal jährlich, und zwar im Sommer, zurückgeschnitten. Dabei sind nur die jungen krautigen Triebe einzukürzen. Einen Rückschnitt in das alte Holz vertragen sie nicht. Thujen verjüngen sich schlecht, sodass kahle Stellen nach einem zu radikalen Rückschnitt in der Regel nicht mehr vollständig zuwachsen.

Thuja ungeschnitten im Vorgarten

Thujensteckling

Ältere Exemplare bilden kleine Zapfen, die ebenso wie die Zweigspitzen giftig sind. Die Zapfenbildung kann in der Hecke störend wirken, sie schränkt auch die Wuchskraft ein. Schon bei der Auswahl von Jungpflanzen sind so genannte Samenträger zu meiden. Vorbeugend sollten keine Thujensämlinge, also aus Samen vermehrte Jungpflanzen, zum Einsatz kommen, sondern Stecklingspflanzen. Die sind zwar teurer als Sämlinge, sie stammen aber von ausgewählten Mutterpflanzen. Zur Stecklingsgewinnung dienen insbesondere solche Exemplare, die keine Samen tragen.

Nadelgehölze

Eibe (Taxus)

Als langsam wachsender Waldbaum hat die Eibe in heutigen Zeiten kaum noch forstwirtschaftliche Bedeutung. Sie dient nicht mehr wie früher der Holzgewinnung. Ihre Einsatzgebiete sind große und kleine Gartenanlagen. Wer wilde Eibenwälder sehen möchte, hat dazu kaum Gelegenheit. Anders als Fichten oder Kiefern, die in ganz Europa verbreitet sind, wachsen Eiben nur noch in wenigen Regionen. Gruppen gibt es beispielsweise noch in den Alpen, im Thüringer Wald, in Oberfranken oder im Schwarzwald. Ansonsten ist dieses durchaus robuste Gehölz heute weitgehend ausgerottet. Eiben stehen daher unter Naturschutz. Die Ursache für den Raubbau war früher der Bedarf an hartem Holz, das für den Bau von Bögen verwendet wurde.

Die ursprünglich weit verbreiteten Eibenbestände erholten sich nicht mehr, da die Bäume sehr langsam wachsen. Sie wurden von schnellwüchsigen Arten verdrängt. Allein ihrem geringen Lichtbedarf hat es die Eibe zu verdanken, dass sie zumindest stellenweise der völligen Ausrottung entgangen ist. Eiben wachsen sogar in Buchenwäldern, in denen sonst nur wenige andere Pflanzen aufkommen. Wo sie vom Fällen verschont blieben, gibt es uralte Exemplare. In England steht eine Eibe, die angeblich zu den ältesten Bäumen der

Streng geschnittene Eibenhecke mit Kugelform

Erde gehört. Auch in den Alpen sind vereinzelt ausgewachsene Exemplare zu finden. Der gestockte, strauchartige Wuchs lässt aber das Alter kaum erkennen.

Von Natur aus ist eigentlich eine gute Vermehrung gesichert. Eiben entwickeln reichlich Früchte. Anders als zapfentragende Nadelbäume bilden sie Samen, die von einem fleischigen Mantel umhüllt sind. Die Früchte werden gerne von Singvögeln verspeist. Sie reifen im Herbst, jedoch nur an erwachsenen weiblichen Pflanzen. Eiben sind zweihäusig. Es gibt also weibliche und männliche Exemplare. Die Geschlechter lassen sich im Frühjahr an den Blüten erkennen: Die männlichen Blüten sitzen in großen Mengen an der Unterseite der Zweige. Sie stäuben stark. Der Pollen gelangt dann mit dem Wind auf die unauffälligen weiblichen Blüten. Alle Pflanzenteile der Eibe – ausgenommen der rote Fruchtmantel – sind stark giftig. Schon 500 Gramm Eibennadeln können ein Pferd töten. Für Menschen, insbesondere für Kinder, sind eher die leuchtenden Früchte gefährlich. Alte, fruchtbare Pflanzen gedeihen häufig in öffentlichen Anlagen. Kleinkinder müssen von solchen Eiben fern gehalten werden.

Für den Garten kommen neben der Wildform (*T. baccata*) die Züchtungen in Frage. Es gibt Säulenformen, Pyramiden, Bodendeckende und andere Sorten. Alle eignen sich als Solitäre (für Einzelstellung), und zwar auch für schattige Plätze, sowie für dichte immergrüne Hecken oder für Formschnittpflanzen. Eiben sind äußerst schnittverträglich. Ihr dichtes Faserwurzelwerk macht zudem den Einsatz in Pflanzgefäßen möglich. Die kompakten Büsche können gut als winterharte Kübelpflanzen dienen. Jungpflanzen finden Sie gelegentlich im eigenen Garten. Sie werden sozusagen von den Vögeln vermehrt. Die eigene Anzucht durch Aussaat ist ein langwieriges Unterfangen, ebenso die Vermehrung durch Stecklinge. Zum Einsatz gelangen deshalb vorzugsweise Containerpflanzen, die man in verschiedenen Sorten und Größen rund ums Jahr in Gartenmärkten bekommt.

Eine etwa 25 Jahre alte Eibe in Kugelform

Hecken anlegen leicht gemacht

Eine Hecke soll über viele Jahre das Grundstück einfrieden oder als Raumteiler gliedern. Daher sollten Sie sich bei Planung und Artenauswahl Zeit lassen. Sehr wichtig ist auch die fachgerechte Vorbereitung des Bodens. Der Lohn sind gesunde und kräftige Heckenpflanzen

Wildrosenhecke

Gemischte Blütenhecke mit Amelanchier

Planung

Rund um den Garten und im Grundstück sind viele geeignete Plätze für Hecken zu finden. Natürlich bieten sich besonders die Gartengrenzen für die Heckenpflanzung an. Wenn keine Baubestimmungen oder Auflagen der örtlichen Behörden dagegen sprechen, lassen sich Hecken als Einfriedungen zu Straßenseiten oder zu benachbarten Gärten anlegen. Das können gemischte Hecken sein, wenn der Platz zur Entfaltung der einzelnen Sträucher ausreicht, oder auch streng gezogene Hecken, die sich in einer bestimmten Höhe und Breite halten lassen. In einem größeren Garten können Hecken als Raumteiler dienen oder zum Eingrenzen von Sitzplätzen nützlich sein. Insbesondere kleine Hecken lassen sich auch als Schutzpflanzungen etwa am Gemüsegarten oder zur Einfassung von Blumenbeeten und Rabatten einsetzen.

Gesetzliche Bestimmungen beachten

Hinweis: In den meisten deutschen Bundesländern gibt es Vorschriften für die Pflanzung von Gehölzen. Insbesondere müssen die Grenzabstände eingehalten werden. Das gilt auch für Hecken. In der Regel gelten Grenzabstände von 0,50 m für Formschnitthecken, die eine Höhe von 1,50 m nicht

Hecken anlegen – Schritt für Schritt

Gartenplanung: Standorte festlegen

→ Die Sträucher verteilen und einpflanzen

Hecke nach der Pflanzung

→ Die Sträucher sind angewachsen

überragen. Bei der Pflanzung von gemischten Hecken gibt es erhebliche Unterschiede. So dürfen solche Hecken, die aus frei wachsenden Sträuchern und Bäumen bestehen, in Bayern bis zu einem Abstand von 2 m an die Grenze gesetzt werden. In Baden-Württemberg ist dagegen ein Grenzabstand von 8 m einzuhalten! Die Anfrage beim Gartenamt vor der Pflanzung von Hecken oder anderen Gehölzen erspart Unannehmlichkeiten. Allerdings gibt es auch Schutzbestimmungen für Bäume. In den meisten Bundesländern sind Gehölze nach einer Standzeit von 5 Jahren „auf der sicheren Seite“: Sie dürfen bzw. müssen dann nicht mehr gefällt werden!

Formschnitthecken, die dicht an die Grenze gepflanzt wurden, müssen selbstverständlich auch den nötigen Schnitt erhalten. Um den nachbarschaftlichen Frieden nicht zu gefährden, sollten vor einer Heckenpflanzung stets die betroffenen Anlieger befragt bzw. informiert werden. Sind etwa durch die Pflanzung starkwüchsiger Arten Nachteile durch Schattierung oder grenzübergreifendes Wurzelwachstum zu erwarten, sollte auf die Pflanzung verzichtet oder auf weniger wüchsige Gehölze zurückgegriffen werden. So bleiben beispielsweise Ligusterhecken von Natur aus kompakter als Hecken aus Buchen oder Hainbuchen.

Eine günstige Grundlage für gutes Wachstum schaffen

Das Wachstum der Pflanzen richtet sich stets nach dem Nährstoff, der im geringsten Maß vorhanden ist. Dieser Lehrsatz der Gärtner hat natürlich auch im Hausgarten Gültigkeit. Dabei wirkt sich die Art des Bodens ganz wesentlich auf die Nährstoffspeicherung und -abgabe aus.

Es hilft wenig oder schadet sogar, den Pflanzen reichlich Volldünger zu geben, wenn diese keinen Bedarf haben. Die meisten Gartenböden sind ohnehin überdüngt. Es lohnt sich deshalb, regelmäßig Proben zu nehmen und untersuchen zu lassen. Vor der Pflanzung einer Hecke ist eine gute Gelegenheit dazu. Eine gründliche Analyse in einem Labor (z. B. LUFA = Landes-Untersuchungs- und Forschungs-Anstalt) zeigt genau, ob der Boden ausgewogen mit Nährstoffen versorgt ist. Die recht günstige Dienstleistung erspart unnötigen Dünger. Zudem gibt ein gutes Untersuchungsergebnis auch eine gewisse Sicherheit und bestätigt eine richtige Anbauweise im Garten. Dazu wird etwa ein Pfund Erde mit den entsprechenden Angaben an das zuständige Labor gesandt. Danach kommt ein schriftliches Untersuchungsergebnis vom Labor. Adressen erhalten Sie beim Gartenamt. Dort sind meistens auch die nötigen Utensilien (z. B. Verpackungsmaterial) und die Anleitungen zur Entnahme zu bekommen. Falls ein Nährstoff zu reichlich im Boden vorhanden ist, kann etwas dagegen unternommen werden. Insbesondere ist ein Verzicht auf entsprechende Düngemittel nötig.

Hecken aus Sommerblumen

Humus vom Kompostwerk wird angeliefert

➜ Schwere Böden werden durch Humus gelockert

Der Humus wird mit dem Radlader verteilt

➜ Nun wird der Humus mit der Fräse eingearbeitet

Der Boden macht's

Die Wirkung der Nährstoffe ist stets vom Zustand des Bodens abhängig. Ein „garer" Boden mit hoher Speicherfähigkeit (z. B. Humus) kann natürlich mehr Nährstoffe aufnehmen als beispielweise ein durchlässiger Sandboden. Deshalb ist es immer nützlich, einen möglichst guten Bodenzustand zu erreichen und diesen auf Dauer zu erhalten. Dazu dienen bewährte Bodenhilfsstoffe und schonende Bearbeitungsmethoden. Die Bodenvorbereitung und -verbesserung richtet sich natürlich immer nach der gewünschten Nutzung und nach der Pflanzenart, die kultiviert werden soll. So brauchen Heckenpflanzen einen möglichst lockeren, tiefgründigen Boden mit guter Wasserführung.

Eine gründliche Lockerung ist vor der Pflanzung möglich. Auf kleinen Flächen, etwa wenn eine Buchs-Einfassung neben dem Gemüsegarten entstehen soll, kann die Bodenvorbereitung von Hand geschehen. Dazu dient die Grabgabel oder der Spaten. Bei schweren Lehmböden jedoch oder wenn ein Hilfsstoff eingebracht werden soll, ist eine Motorfräse unbedingt zu empfehlen. Besonders feinkrümelig zerkleinert eine schwere Dieselfräse den

Boden. Der Einsatz eines solchen Gerätes lohnt sich aber nur bei großen Flächen, vor allem, wenn sie vorher brach gelegen haben und dicht mit Gras oder Kraut bewachsen sind. Gleiches gilt nach dem Hausbau, wenn der Gartenboden von Baggern und Radladern malträtiert und durch das Gewicht der schweren Maschinen stark verdichtet wurde.

Motorfräsen für die Bodenlockerung sind in Mietzentralen für Gartengeräte leihweise zu bekommen. Das Fräsen kann aber auch in Auftrag gegeben werden. Wenn ein langer Pflanzstreifen einer gründlichen Lockerung bedarf, ist sogar der Einsatz eines Traktors mit Fräse zu empfehlen. Auf Bestellung erledigt ein Landschaftsgärtner diese Vorarbeiten. Die Kosten für das Lohnfräsen halten sich in Grenzen, vor allem da die Gärtner mit guten Geräten ausgerüstet sind, die das Umfräsen in kurzer Zeit gründlich erledigen.

Schwere Böden lockern, leichte Böden bindiger machen

Bei der Pflanzung einer Hecke und der erforderlichen Bearbeitung und Verbesserung des Untergrunds ist die jeweils vorhandene Bodenart zu beachten. Leichter Sandboden lässt sich einfacher bearbeiten als schwerer Lehm oder Ton. Er hat jedoch eine geringere Speicherfähigkeit und trocknet leichter aus als Lehm. Lehm wiederum vernässt bei Dauerregen und wird schmierig. Das verhindert die Durchlüftung.

Der ideale Boden ist ein ausgewogener Mischboden, das heißt sandiger Lehm oder lehmiger Sand mit hohem Humusgehalt. Der Lehm enthält viele Nährstoffe, der Sand fördert die Durchlüftung und die Wasserführung, und der Humus verbessert das Speichervermögen.

Sandige Böden lassen sich durch das Einarbeiten von Lehmerde bindiger machen. Lehmböden bekommen durch Sandgaben eine bessere Krümelstruktur. Humus, der in Form von Kompost verteilt und eingebracht wird, trägt sowohl bei Lehm- als auch bei Sandböden zur Verbesserung der Krümelstruktur bei. Zudem führt Kompost Nährstoffe in ausgewogener und langsam wirkender Form zu.

Kletterrosen lassen sich als Begleitpflanzen an Zäune setzen. Sie brauchen aber vollsonnige Plätze

Bodenarten und Wirkung

Art	Wirkung
Sand	leichter mineralischer Boden, durchlässig, geringes Speichervermögen für Wasser und Dünger, geringer Nährstoffgehalt, gute Erwärmung, leicht zu bearbeiten
Lehm	schwerer mineralischer Boden, undurchlässig, hoher Nährstoffgehalt, gutes Speichervermögen, jedoch geringe Abgabe, schwer zu bearbeiten
Ton	schwerer mineralischer Boden, stark verdichtet, klumpig, undurchlässig, kalt, hoher Nährstoffgehalt, jedoch geringe Abgabe, schwer zu bearbeiten
Humus	vorwiegend organischer Boden aus verrotteten Pflanzenteilen, locker, gutes Wasser- und Nährstoffspeichervermögen, leicht zu bearbeiten

Am besten sind Mischböden, insbesondere sandiger Lehm mit Humusgehalt

Auswahl der Heckenpflanzen

Wer die Wahl hat, hat die Qual. Das trifft auch bei der Gartengestaltung, besonders bei der Auswahl der Heckenpflanzen zu. Die verhältnismäßig kleinen Grundstücksflächen können leider nur eine sehr begrenzte Anzahl an Sträuchern aufnehmen. Gemischte Hecken bieten eine gute Möglichkeit, einige verschiedene Gehölzarten zu arrangieren.

Die benötigten Jungpflanzen gibt es im Versandhandel, in Gartenmärkten, in Baumschulen oder aus eigener Anzucht. Heckenpflanzen werden je nach Art mit losen Wurzeln angeboten, als Ballenpflanzen oder als Topfpflanzen im Container. Die besten Anwachschancen haben natürlich die Containerpflanzen. Diese Gehölze in den bekannten schwarzen Kunststofftöpfen haben unbeschädigte Wurzelballen und wachsen nach dem Austopfen und Einpflanzen rasch an. Sie brauchen auch keinen Pflanzschnitt und stellen schon nach relativ kurzer Zeit schöne Büsche dar.

Hecken als Ballenpflanzen

Containerpflanzen haben allerdings ihren Preis. Für einen Blütenstrauch von etwa 125–150 cm Höhe muss mit etwa 30–100 Mark gerechnet werden – je nach Art und Zustand der Pflanze. Etwas billiger sind Gehölze mit Juteballen, die ebenfalls recht gute Anwachschancen haben. Am billigsten sind Jungpflanzen mit losem Wurzelwerk zu bekommen.

Hainbuchen-, Buchen- oder Liguster-Sämlinge gibt es in den Baumschulen schon für etwa 3 Mark pro Stück. Allerdings wachsen diese Jungpflanzen nicht so leicht an wie Ballenware. Sie brauchen außerdem einen kräftigen Pflanzschnitt. Es dauert nach der Pflanzung einige Jahre, bis sie dichte Hecken bilden. Heckenpflanzen mit losen Wurzeln sind besonders für lange Heckenstreifen zu empfehlen, wenn eine entsprechend große Stückzahl benötigt wird.

Tipp Preisvergleich

Vor der Pflanzung von Hecken lohnt es sich, Kataloge von verschiedenen Versendern und Baumschulen zu besorgen. Hier sind die wichtigsten Heckenpflanzen abgebildet und beschrieben. Die Preisangaben machen Vergleiche möglich.

Pflanzung Schritt für Schritt

Grundsätzlich brauchen alle Heckenpflanzen einen tiefgründigen Boden. Insbesondere für Formschnitthecken ist eine gründliche Bodenvorbereitung wichtig. In den Pflanzstreifen solcher Hecken stehen Hainbuchen, Buchen oder andere Waldbäume mit 3–4 Exemplaren pro Meter unnatürlich dicht zusammen und behindern sich gegenseitig. Falls nötig, muss der Boden gelockert und mit guter Gartenerde oder Kompost verbessert werden. Das fördert das Anwachsen und kommt der weiteren Entwicklung der Hecke zugute.

Heckengehölze in Töpfen

Jungpflanzen mit losen Wurzeln brauchen einen Pflanzschnitt. Ballenpflanzen oder Gehölze mit Topfballen wachsen auch ohne Rückschnitt zügig an. Alle Typen müssen nach der Pflanzung

Vor dem Pflanzen richtig beschneiden

Pflanzschnitt

→ Wurzelschnitt

Pflanzung

→ Heckensträucher nach der Pflanzung

Hecke nach der Pflanzung mit offenem Boden

→ Rindenmulch deckt den Wurzelbereich ab

Bodenbearbeitung neben der Hecke

→ Größere Heckenpflanzen werden gepfählt

tüchtig mit Wasser eingeschlämmt werden. Bei Trockenheit ist eine kontinuierliche Bewässerung während der Anwachsphase nötig.

Die besten Pflanzzeiten für Gehölze ohne Ballen sowie für Ballenpflanzen, die keinen Topfballen haben, sondern einen in Jute gepackten Erdballen, sind nach wie vor das Frühjahr oder der Herbst. Bei diesen Gehölzen werden die Wurzeln beim Ausgraben durchtrennt, und die wichtige Wurzelsubstanz wird vermindert. Dadurch ist die Wasserversorgung der Pflanzen beeinträchtigt. In der Wachstumszeit im Sommer würden sie welken oder müssten Trockenschäden hinnehmen. Im zeitigen Frühjahr (etwa im März/April) vor dem Austrieb oder im Herbst nach dem Triebabschluss (etwa von September bis November) vertragen sie das Umpflanzen besser.

Die Gehölze ohne Ballen brauchen einen Pflanzschnitt, der das Anwachsen erleichtert. Und zwar sind die Triebe etwa um ein Drittel ihrer Länge einzukürzen, damit die wenigen Wurzeln die Versorgung der Pflanze bewältigen. An den Wurzeln wird möglichst wenig geschnitten. Nur die Wurzelspitzen schneidet man mit einer scharfen Schere nach. Zudem werden abgebrochene Wurzeln entfernt und zu lange eingekürzt.

Alle Gehölze, also sowohl Gehölze mit losen Wurzeln als auch Container- und Ballenpflanzen, kommen bis an den Wurzelhals – die Übergangsstelle von den Wurzeln zum Stamm oder zum Strauchwerk – in die Erde. Nach dem Einfüllen der eventuell verbesserten Aushuberde muss der Untergrund gut festgetreten werden, damit die Wurzeln „Bodenschluss“ (Bodenkontakt) bekommen. Dabei darf natürlich nicht auf den Wurzelballen getreten werden, sondern nur auf die Erde rund herum. Gehölze mit losen Wurzeln rüttelt man vorher, damit Erde zwischen die Wurzeln rieselt.

Nach dem Pflanzen müssen Sie gut angießen. Dabei werden die feinen Faserwurzeln eingeschlämmt, sodass sie Bodenkontakt bekommen und Wasser sowie Nährstoffe aufnehmen können. Große Gehölze brauchen in der Zeit des Anwachsens Stützen, bis sie sich durch die Bildung neuer Wurzeln selbst verankert haben.

Gehölze mit Wurzelballen werden schräg gepfählt und gebunden, Gehölze ohne Ballen senkrecht. Zum Binden bietet sich z. B. Kokosschnur an. Sie muss straff sein, darf aber nicht an der empfindlichen Rinde scheuern. Nach etwa zwei bis drei Jahren sind die Stützen rechtzeitig zu entfernen, bevor die Schnur das Holz einschnürt.

Heckenpflanzen aus Steckhölzern gewinnen

Viele Bäume und Sträucher sind ganz leicht vermehrbar: aus kurzen Zweigstücken, die einfach in den Boden gesteckt werden. Die Baumschulen gewinnen durch die Steckholzvermehrung fast alle ihre Ziersträucher und viele Laubbäume.

Wer diese Methode erfunden hat, ist nicht mehr zu ergründen. Wahrscheinlich war es wie bei vielen Entdeckungen der Zufall, vielleicht beim Zaunbau, als jemand Weidenpfähle in den Boden schlug und nach wenigen Wochen sah, wie diese frische Triebe hervorbrachten und im Lauf der Zeit zu mächtigen Bäumen erwuchsen. Weiden sind wohl auch die wüchsigsten Bäume, die es gibt. Sie können einen Weidenpfahl sogar verkehrt herum in den Boden stecken, und er wird wurzeln.

Vermehrung mit System

Ganz so leicht wie Weiden oder auch Pappeln lassen sich andere Gehölze nicht vermehren. Grundsätzlich ist es daher empfehlenswert, die Erfahrungen und Kenntnisse der Baumschulen zu nutzen und gezielt zu schneiden und zu stecken. Die beste Zeit dazu ist in der Saftruhe etwa vom Herbst bis zum Spätwinter. Dann haben die Gehölze eine Menge Assimilate (Nährstoffe) im Holz eingelagert, die für die Wurzelbildung wertvoll sind. Auf wunderbare Weise wandeln sie Triebknospen in Wurzelorgane um, genauer gesagt: Aus den Knospen sowie zum Teil aus Lentizellen und Schnittstellen wachsen im Boden Faserwurzeln. Damit die Steckhölzer viele Wurzeln entwickeln und rasch anwachsen, steckt man sie möglichst tief in den Boden, und zwar so tief, dass nur noch eine Knospe herausschaut.

Tipp Steckhölzer setzen

Für eine dichte Hecke kann man die selbst geschnittenen Steckhölzer direkt in die Reihe stecken. Sie bewurzeln dann an Ort und Stelle und entwickeln sich ohne Umpflanzung in wenigen Jahren zu einem üppigen Gehölzstreifen.

Junge Triebe werden von ausgewählten Mutterpflanzen geschnitten

Einjährige Triebe schneiden

Doch zunächst müssen die Steckhölzer geschnitten werden. Dazu wählt man gesunde, kräftige Mutterpflanzen mit guten Eigenschaften (z. B. üppige Blüte, besondere Gestalt, reicher Ertrag usw.) aus dem eigenen Garten, aus Nachbars Garten oder aus öffentlichen Anlagen (falls nötig mit Genehmigung) und schneidet davon einige kräftige Jahrestriebe, Triebe also, die im vergangenen Jahr gewachsen und bereits verholzt sind. Das schadet den Mutterpflanzen überhaupt nicht, denn sie werden im Winter ohnehin ausgelichtet. Natürlich nimmt man nur so viele Triebe von einer Pflanze, wie sie verkraften kann. Das ist ganz unterschiedlich: Während Kopfweiden einen radikalen Rückschnitt schadlos hinnehmen und sogar brauchen, wenn ihre typische Gestalt erhalten bleiben soll, dürfen von Gehölzen mit von Natur aus lockerem

Wuchs nur wenige Triebe aus der Krone bzw. aus dem Strauch genommen werden. Ein gesunder Jahrestrieb bringt etwa 3–4 Steckhölzer, und diese bringen wiederum entsprechend viele Jungpflanzen. Bei großem Bedarf an Jungpflanzen – etwa für eine Hecke – dienen mehrere Mutterpflanzen zur Schnittgutgewinnung.

Triebe sortieren

Verwechslungen werden vermieden, wenn man die Triebe von verschiedenen Gehölzen nach Sorten trennt, bündelt und etikettiert. Zu Hause geht es dann sogleich an die Verarbeitung. Sie können Steckhölzer aber auch in einer Kiste mit feuchtem Sand zwischenlagern. In einem kühlen, dunklen Keller bleiben die Triebe bis zum weiteren Zuschneiden frisch.

Scherenlange Hölzchen schneiden

Jedes Steckholz sollte etwa 4–5 Knospen haben. Davon sollen 3–4 in der Erde stecken, um Wurzeln zu entwickeln. Eines schaut heraus und treibt. In der Regel braucht man dafür scherenlange Hölzchen. Beim Holunder müssen die Steckhölzer etwas länger sein, bei Johannisbeerbüschen reichen auch etwas kürzere Stücke. Achten Sie beim Schnitt immer auf die Knospen, und schneiden Sie jeweils oben knapp über einer Knospe gerade ab und unten unterhalb einer Knospe schräg. Dadurch markieren Sie das obere und untere Ende unverwechselbar, und die Hölzchen kommen später richtig herum in die Erde. Sie lassen sich mit der Schräge auch leicht in die Erde stecken.

Scherenlange Hölzchen abschneiden

Schärfen Sie Ihre Schere regelmäßig, damit möglichst glatte Schnittflächen entstehen. Allerdings sind

Die unterirdischen Augen der Steckhölzchen bilden Wurzeln. Das obere Auge treibt aus

die Hölzchen nicht sehr empfindlich und wachsen sogar an, wenn man sie (wie in den Baumschulen üblich) mit der Bandsäge schneidet! Mit einer gut angeschliffenen Schere geht die Arbeit jedoch deutlich leichter von der Hand.

Sofort stecken oder lagern

Die einzelnen Hölzchen können unverzüglich gesteckt werden, und zwar entweder in ausreichend tiefe Töpfe mit Sand-Erde-Gemisch oder bei frostfreiem Boden direkt ins Freiland. Bei frostempfindlichen Arten (z. B. *Buddleia*) ist dann eine Laubdecke oder ein anderer gleichwertiger Frostschutz nötig. Jedes Hölzchen kommt etwa zu 3/4 seiner Länge in die Erde, sodass alle Knospen bis auf eines in der Erde stecken. Im Freiland steckt man entweder in Reihen oder in Beete, wobei die Hölzchen etwa einen Abstand von 3 cm haben sollten. Im Topf sind geringere Abstände möglich.

In den Baumschulen schneiden die Gärtner die Steckhölzer zunächst, bündeln sie dann wieder und bewahren sie in Folienbeuteln im Kühlhaus bis zum Frühjahr auf. Das ist auch zu Hause

Durch Steckholz vermehrbare Gehölze (Auswahl)

Bäume	**Kolkwitzien** (*Kolkwitzia*)
Pappeln (*Populus*)	**Schneebeeren** (*Symphoricarpos*)
Weiden (*Salix*)	**Tamarisken** (*Tamarix*)
Platanen (*Platanus acerifolia*)	**Schneeball** (*Viburnum*)
Ulmen (*Ulmus*)	**Felsenmispeln** (*Cotoneaster*)
Sträucher	**Weigelien** (*Weigelia*)
Forsythien (*Forsythia*)	**Zierquitten** (*Chaenomeles*)
Liguster (*Ligustrum*)	**Quitten** (*Cydonia*)
Flieder (*Syringa*)	**Hartriegel** (*Cornus*)
Sommerflieder (*Buddleia*)	**Erbsenstrauch** (*Caragana*)
Deutzien (*Deutzia*)	**Sanddorn** (*Hyppophaea*)
Hortensien (*Hydrangea*)	**Feigen** (*Ficus carica*)
Goldregen (*Laburnum*)	**Kletterpflanzen**
Geißblatt (*Lonicera*)	**Knöterich** (*Fallopia*)
Pfeifenstrauch (*Philadelphus*)	**Waldreben** (*Clematis montana*)
Johannisbeeren (*Ribes*)	**Scheinreben** (*Ampelopsis*)
Wildrosen (*Rosa*)	**Weinreben** (*Vitis*)
Holunder (*Sambucus*)	**Wilder Wein** (*Parthenocissus quinquefolia*)
Haseln (*Corylus*)	**Selbstklimmer Wein** (*P. tricuspidata*)
Spiräen (*Spiraea*)	

möglich, wobei der Kühlschrank als Kühlhaus dient. Unverzügliches Stecken hat jedoch den Vorteil, dass die Wurzelbildung sofort beginnt – frostfreies Wetter bzw. geschützter Stand natürlich vorausgesetzt. Am schnellsten bewurzeln die Steckhölzer in frostfrei, aber kühl platzierten Töpfen (z. B. in einem unbeheizten Kleinglashaus oder im Hausflur). Eine besondere Pflege brauchen die Steckholz-Beete oder -Töpfe nicht. Nur die Wasserversorgung ist wichtig und das Freihalten von störenden Kräutern.

In 1 bis 2 Jahren umpflanzen

Die meisten Steckhölzchen sind bereits im Herbst nach der Vermehrung gut bewurzelt und können dann umgepflanzt oder schon an ihren endgültigen Standort gesetzt werden. Wenig bewurzelte oder empfindliche Steckhölzchen bleiben noch ein weiteres Jahr im Anzuchtquartier, bis sie kräftig genug sind. Bedarf an selbst aus Steckhölzern vermehrten Bäumen und Sträuchern gibt es überall im Garten. So etwa für eine Wildstrauchhecke, eine Formschnitthecke oder eine Beerenobst-Reihe.

Forsythien als Formschnitthecke

Heckenpflanzen aus Sommerstecklingen ziehen

Einige Heckenpflanzen wie Liguster, Buchsbäumchen oder Heckenkirschen lassen sich recht einfach und in großer Zahl durch Sommerstecklinge vermehren. Das sind junge Triebe ausgewählter Sträucher aus dem eigenen Garten oder der freien Natur. Schwieriger ist die Anzucht immergrüner Nadelgehölze durch solche Triebe. Den Mutterpflanzen schadet der Schnitt einiger junger Triebe nicht. Sie werden dadurch im Gegenteil nur zur Verzweigung angeregt. Möglicherweise lässt sich die Schnittgutgewinnung gleich mit dem Heckenschnitt verbinden, dann fällt ohnehin eine Menge Material an, das zur Stecklingsvermehrung geeignet ist. Die Zeit dazu beschränkt sich normalerweise auf die Sommermonate. Und zwar dürfen die Triebe nicht mehr zu weich sein. Sonst faulen sie im Anzuchtsubstrat. Ein zu später Schnitt ist ebenso wenig empfehlenswert. Sommergrüne Laubgehölze beenden ihr Wachstum im Spätsommer.

Laubgehölze für Stecklingsvermehrung

Art	Eigenschaften	Höhe
Liguster	wintergrünes Laubgehölz	bis 3 m
Buchs	immergrünes Laubgehölz	ca. 1 m
Feuerdorn	immergrünes Laubgehölz	bis 1 m
Kirschlorbeer	immergrünes Laubgehölz nicht ganz frosthart	bis 2 m
Forsythien	sommergrüner Blütenstrauch	bis 2 m

Die Stecklinge von solchen Gehölzen treiben dann natürlich nicht mehr aus. Nur bei immergrünen Arten lohnt sich die Stecklingsvermehrung noch im August/September. Die reifen Triebabschnitte wachsen sogar besser an als Frühsommer-Stecklinge.

„Einfache" Arten wie Liguster, Forsythien oder Buchsbäumchen lassen sich aber den ganzen Sommer hindurch schneiden, stecken und zur Bewurze-

Sommerstecklinge gewinnen

Schnittgut gewinnen

→ Material zur Vermehrung

Steckling schneiden

→ Entblättern

Anschneiden

→ Fertige Stecklinge

Stecklinge einpflanzen

Erde mischen

→ Stecklinge einsetzen

Angießen

→ Folienhaube aufsetzen

lung anregen. Das kann bereits Ende Juni geschehen. Dann haben diese Gehölze bereits den Hauptjahreszuwachs vollendet. Es zeichnen sich schon elastische, aber noch nicht verholzte Jahrestriebe ab, die als Stecklingsmaterial gut geeignet sind. Die noch weichen Triebspitzen werden einfach abgetrennt. Sie würden im Anzuchtsubstrat welken.

Die brauchbaren Triebstücke lassen sich zu Stecklingen verarbeiten. Das geschieht mit Hilfe einer scharfen Schere und eines geschliffenen Gärtnermessers. Die Triebe werden auf etwa 10 cm lange Stücke zugeschnitten. Jeder dieser Stecklinge bekommt unten an einer Knospe einen schrägen Anschnitt. Die Blätter im unteren Drittel werden entfernt, sie würden im Anzuchtsubstrat verfaulen. Bei Stecklingen mit großen Blättern empfiehlt es sich, die noch vorhandenen Blätter einzukürzen. Das vermindert die Verdunstung und ermöglicht einen geringeren Abstand zwischen den Stecklingen. Dennoch bleibt noch genügend Blattsubstanz, die für die Wurzelbildung nötig ist.

Bei günstigen Bedingungen kann die Anwachsquote fast 100% betragen. Die Baumschulen nutzen dazu optimale Einrichtungen: Die Anzuchtkästen stehen in Warmhäusern, die mit Sprühnebelanlagen ausgestattet sind. Dadurch bekommen die Stecklinge ein beständig warmes, helles Klima mit hoher Luftfeuchte. Zu Hause können nur selten vergleichbare Bedingungen geschaffen werden (z. B. in einem Wintergarten oder Kleingewächshaus). Deshalb vermindern sich beim Hobbygärtner die Anwachsergebnisse.

Bei einem großen Bedarf an Jungpflanzen sollte man die Zahl der benötigten Stecklinge zumindest grob überschlagen. Für eine gewöhnliche Formschnitthecke werden pro Meter etwa 4–5 kräftige Jungpflanzen benötigt. Bei einer Heckenlänge von beispielsweise 10 m besteht ein Bedarf von ca. 50 Pflanzen. Es lohnt sich also, entsprechend mehr Stecklinge zu schneiden, besonders bei solchen Gehölzarten, die von Natur aus geringere Anwachschancen haben. Während beispielsweise Buchsstecklinge recht zuverlässig Wurzeln bilden, halten sich die Bewurzelungsergebnisse bei Nadelgehölzen sehr in Grenzen. Die Stecklingsvermehrung von Thujen, Eiben oder Scheinzypressen bleibt deshalb den Baumschulen vorbehalten. Zu Hause lohnt sich die Vermehrung von Nadelgehölzen in großer Stückzahl kaum, die Wurzelbildung setzt im Vergleich zu Laubgehölzen selbst bei besten Bedingungen sehr zögerlich ein.

Stecklingsvermehrung Schritt für Schritt

Stecklinge sind von der Mutterpflanze abgetrennte Triebe, die – in einem genügend tiefen Gefäß, bei ausreichender Bewässerung sowie hoher Luftfeuchte – zu neuen Pflanzen heranwachsen. Diese Jungpflanzen sind mit der Mutterpflanze genetisch identisch, entwickeln also exakt die gleichen Eigenschaften. Achten Sie deshalb darauf, dass die Mutterpflanzen völlig gesund sind.

- Die beste Zeit für die Stecklingsvermehrung beginnt im Juni und dauert bis in den Sommer hinein. Suchen Sie sich passende Sträucher, und schneiden Sie so viele Stecklinge, wie Sie voraussichtlich brauchen. Die Stecklinge sollten zwischen 10 und 15 cm lang sein. Achten Sie darauf, dass sie nicht zu weich, aber auch noch nicht holzig sind. Ideal sind elastische Jahrestriebe. Danach entfernen Sie die untersten Blätter, ohne dabei die Knospen in den Blattansätzen zu verletzen. Nun schneiden Sie den Steckling mit einem kleinen Messer am letzten Auge schräg und mit der Baumschere oben gerade ab.

- Mischen Sie Sand mit Pflanzerde (oder Torf), und geben Sie dieses Gemisch in die Pflanzschale. Danach stecken Sie die Stecklinge mit der angespitzten Seite nach unten in die Erde. Gießen Sie das Substrat gut an.

- Sorgen Sie für eine hohe Luftfeuchtigkeit. Dies lässt sich erreichen, indem Sie ein passendes Glas über die Pflanze setzen oder eine Folienhaube darüber stülpen. Wenn sich Wasserperlen an der Schutzhülle bilden, entlüften Sie für kurze Zeit.

> ***Tipp* Baumschul-Stecklinge**
>
> ***Gelegentlich sind auch in den Baumschulen bewurzelte Stecklinge zu bekommen. Diese kleinen Pflänzchen ersparen die mitunter schwierige Anzucht und kosten dennoch deutlich weniger als handelsübliche Heckenpflanzen.***

- Bei günstigen Bedingungen bilden sich innerhalb der nächsten sechs Wochen Wurzeln. Dazu ist es wichtig, dass das Pflanzsubstrat genügend Feuchtigkeit bekommt, aber nicht vernässt. Die Stecklinge brauchen viel Wärme und weiterhin eine hohe Luftfeuchte.

- Sobald die Pflänzchen Wurzeln haben und im Herbst langsam die Blätter verlieren, sollten sie vereinzelt werden. Jeder bewurzelte Steckling kommt in einen Topf mit nährstoffreichem Substrat. Ende Herbst bringen Sie die Gefäße mit den bewurzelten Stecklingen an einen kühlen, aber frostfreien Platz. Sie bleiben hier bis zum nächsten Frühjahr. Kräftige Jungpflanzen lassen sich dann schon zur Anlage einer Hecke nutzen.

Hecken fachmännisch pflegen

Die meisten Hecken – insbesondere streng erzogene Formschnitthecken – benötigen regelmäßige Pflege. Ohne Schnitt beginnt ein unkontrolliertes Wachstum, das später aufwändige Verjüngungsmaßnahmen notwendig macht.

Streng geschnittene Buchshecken

Erster Heckenschnitt nach der Pflanzung

Jungpflanzen für sommergrüne Laubgehölzhecken sind sowohl mit Wurzelballen als auch mit losen Wurzeln erhältlich. Ballenpflanzen kosten mehr. Sie wachsen aber recht zuverlässig an und brauchen keinen Pflanzschnitt. Diese schon buschigen Gehölze bilden bereits nach der Pflanzung recht dichte Heckenstreifen. Jungpflanzen mit losen Wurzeln sind wesentlich preiswerter zu bekommen als Ballenware. Sie müssen aber vor der Pflanzung stark zurückgeschnitten werden, sonst wachsen sie nicht richtig oder nur sehr zögerlich an. Solche Heckenpflanzen brauchen natürlich einige Jahre länger, bis sie dichte Pflanzstreifen bilden.

Eine gute Bodenvorbereitung und die Versorgung mit Kompost und Wasser fördern das Anwachsen der Jungpflanzen und kommen ihrer Entwicklung zugute. Man muss auch rechtzeitig an den nötigen Schnitt denken. Hainbuchen, Buchen, Feldahorne oder andere Laubgehölze entwickeln von Natur aus im freien Stand große Bäume oder kräftige Büsche. Genauso bringen diese starkwüchsigen Wildgehölze in der Hecke meterlange Jahrestriebe hervor, sobald sie einmal gut angewachsen sind. Sie müssen daher regelmäßig zurückgeschnitten werden, damit sie keine dicken Äste bilden, sondern zu buschigen, gut verzweigten Heckenpflanzen heranwachsen.

Tipp Zeit zum Schneiden

Die beste Zeit für den regelmäßigen Schnitt gepflegter Hecken ist etwa Ende Juni. Dann haben die Gehölze den Hauptjahreszuwachs bereits vollendet. Danach bringen sie nur noch kurze Triebe hervor. Die Hecken bleiben nach dem Sommerschnitt bis zum nächsten Frühjahr recht gut in Form. An einem schönen Sommertag geht der Heckenschnitt recht leicht von der Hand. Selbstverständlich müssen die richtigen Schneidwerkzeuge und Steighilfen zur Verfügung stehen. Bei Leitern auf sicheren Stand achten!
Falls nötig, bekommen stark wachsende Heckentypen oder solche Hecken, die besonders streng erzogen sind, im Spätsommer einen zweiten Schnitt. Achten Sie aber darauf, dass dabei nicht zu viel weggenommen wird. Sonst verursachen Sie hässliche Kahlstellen, die bis zum Neuaustrieb im nächsten Jahr sichtbar bleiben.

Im ersten Jahr nach der Pflanzung ist normalerweise noch kein Rückschnitt nötig. Im zweiten Jahr bringen die Gehölze aber schon recht kräftige Triebe hervor. Dann ist der erste Rückschnitt fällig. Anders als bei schon dichten Hecken benutzt man für den ersten Schnitt noch nicht die übliche Heckenschere. Die wenig verzweigten Pflanzen lassen sich besser mit einer Astschere in Form bringen. Gewöhnlich genügt es, alle langen Triebe etwa um die Hälfte einzukürzen. Schon jetzt ist auf einen konischen Wuchs zu achten. Die Hecke soll von Anfang an unten breiter sein als oben. Der Schnitt kann wie bei bereits dichten und gut formierten Heckenstreifen im Sommer geschehen. Im Juni/Juli haben die Heckenpflanzen ihren Hauptjahreszuwachs schon hervorgebracht. Danach entwickeln sie bis zum Herbst nur noch kurze Sommertriebe. Der nächste Schnitt ist erst wieder im folgenden Sommer fällig. Dann kann erstmals zur Heckenschere gegriffen werden.

Buchshecken trimmen

Erziehung in den ersten Jahren

Zunächst darf die junge Hecke bis zur gewünschten Höhe aufwachsen. Bei guter Entwicklung lassen sich bereits im ersten Jahr nach der Pflanzung die Flanken trimmen, und zwar leicht schräg, so-

Heckenschnitt in der Praxis

Nur lange Triebe einkürzen

➜ *Rückschnitt langer Triebe fördert die Verzweigung*

Eine Buchenhecke wird geschnitten

➜ *Hainbuchenhecke mit Hilfsgerüst schneiden*

Hainbuchenhecke vor dem Schnitt …

➜ *… und nach dem Schnitt*

dass die Hecke nach dem Schnitt unten breiter ist als oben. Wenn sie die gewünschte Höhe erreicht hat, wird sie in dieser Höhe gehalten und jedes Jahr zurückgeschnitten. Der Sommerschnitt der Hecke macht keine Schwierigkeiten und ist leicht mit der Heckenschere zu schaffen. Die weichen Spitzentriebe lassen sich sowohl mit einer Handschere als auch mit einer elektrischen Heckenschere ohne Mühe kappen. Ins alte Holz wird nicht geschnitten. Der jährliche Schnitt ist nötig, sonst treiben vor allem stark wachsende Arten kräftig durch, und es entwickeln sich dicke Triebe, die kaum noch mit der Heckenschere zu bewältigen sind. Vernachlässigte Formschnitthecken lassen sich gewöhnlich nur noch mit der Astschere wieder in Form bringen.

Verwilderte Formschnitthecken aus sommergrünen Laubgehölzen wieder verjüngen

Wenn der Schnitt bei Hainbuchen-, Buchen-, Liguster-, Feldahornhecken und anderen sommergrünen Formschnitthecken ein Jahr oder sogar mehrere Wuchsperioden versäumt wurde, müssen sie verjüngt und wieder in Form gebracht werden. Im Sommer ist das nicht mehr möglich, weil der Saftverlust durch den nötigen Schnitt ins alte Holz zu groß wäre. Besser sind milde Tage im Spätwinter, wenn die Gehölze noch nicht „im Saft" sind und die Wunden noch nicht „bluten". Immerhin müssen eine Menge dicker Triebe abgeschnitten werden, und das verkraften die Gehölze in der Saftruhe natürlich besser als in der Vegetationszeit.

Tipp Vogelschutz

Der empfohlene Schnitt-Termin etwa Ende Juni kommt auch den heimischen Singvögeln entgegen. Bis dahin sind die Jungvögel in der Regel flügge. Der Schnitt stört sie dann nicht mehr. Wer früher zur Heckenschere greift, vertreibt unter Umständen brütende Altvögel von ihren Nestern. Die Jungen werden dann nicht mehr versorgt und gehen zu Grunde. Achten Sie auch im Sommer noch auf Vogelnester, und verschieben Sie den Schnitt, wenn Sie Nester mit einer zweiten Vogelbrut in der Hecke entdecken.

Maß nehmen

Zunächst ist festzulegen, wie weit beziehungsweise wie stark zurückzuschneiden ist. In der Regel dient die alte, meist noch gut erkennbare Heckenform zur Orientierung. Alle über die gewünschte Form hinausragenden Triebe werden knapp über den alten Schnittstellen gekappt. Dazu ist gutes Werkzeug nötig: eine scharfe Astschere und eventuell eine Säge, wenn die Hecke schon lange nicht mehr geschnitten wurde. In der Regel sind die alten Schnittstellen leicht zu finden, sodass sich die Hecke recht leicht wieder in Form bringen lässt. Sind die Schnittstellen aber nicht mehr zu finden oder liegt der letzte Schnitt schon Jahre zurück, muss die Form der Hecke ganz neu festgelegt werden.

Buchen, Hainbuchen, Feldahorn, Kornelkirschen und andere typische laubabwerfende Heckenpflanzen sind sehr schnittverträglich und nehmen selbst einen radikalen Rückschnitt hin. Sogar dicke Stämme treiben nach dem Rückschnitt wieder aus. Sobald die gewünschte Höhe und Breite festgelegt sind, wird die Hecke in die gewünschte Form gebracht. Rissige Sägewunden sind mit einem Messer nachzuschneiden, große Wunden bekommen einen Wundverschluss mit künstlicher Rinde.

Hinweis: Ein starker Rückschnitt hat stets einen kräftigen Austrieb zur Folge – vorausgesetzt, die Heckenpflanzen sind noch vital. Andernfalls – bei einer alten vergreisten Hecke – ist ohnehin von der Verjüngung abzuraten.

In Stand halten

Die Verjüngung erfordert eine gezielte Nachbehandlung in den Folgejahren. Bereits im Sommer nach dem Schnitt müssen die kräftigen Jahrestriebe, die das alte Holz hervorbringt, eingekürzt

Nach der Pflanzung im Herbst oder Frühjahr werden die Triebe einer Heckenpflanze eingekürzt

Im Sommer erfolgt dann ein geringer Rückschnitt der neuen Triebe

werden. Dies geschieht nun mit der Heckenschere; die weichen Triebe sind leicht zu schneiden. Der nun jährliche Sommerschnitt regt die jungen Triebe zur Verzweigung an und macht die Hecke innerhalb weniger Jahre wieder dicht.

Immergrüne Laubholzhecken

Während sommergrüne Laubholzhecken einen kräftigen Rückschnitt vertragen, reagieren immergrüne empfindlicher. Buchsbaum-, Berberitzen- oder Feuerdornhecken (und ähnliche) verjüngen sich schlecht aus dem alten Holz und brauchen ziemlich lange, bis sie nach einem kräftigen Rückschnitt wieder dicht zusammenwachsen. Dennoch kann die Verjüngung nötig sein, etwa bei der Übernahme eines verwilderten Gartens oder in Folge von Frostschäden. Am besten bringt man immergrüne Laubholzhecken im Spätwinter mit der Astschere wieder in Form und schneidet sie dann im Sommer nach. Das gilt auch für Kirschlorbeer- und Rhododendronhecken, die wegen ihrer großen Blätter ohnehin weniger streng geformt und grundsätzlich nur mit der Astschere geschnitten werden. Dadurch werden unerwünschte Verletzungen der Blätter vermieden.

Nadelgehölzhecken

Thujen-, Scheinzypressen-, Fichten- und andere Nadelholz-Hecken sind sehr schnittverträglich, wenn immer nur die Spitzentriebe gekappt werden. Eine Verjüngung und damit den Schnitt ins alte Holz vertragen sie jedoch schlecht. Keinesfalls dürfen die Flanken stark gestutzt werden, denn die Löcher, die dabei entstehen, verwachsen kaum noch. Bei einem kräftigen Rückschnitt der Flanken müssen die Triebe auf jeden Fall noch einige Nadeln haben, sonst treiben sie gewöhnlich nicht mehr aus. Den Rückschnitt in der Höhe verkraften Nadelholzhecken besser. Aber auch oben sollten sie maßvoll abgestuft und nicht zu stark gestutzt werden. Das gilt im Übrigen auch für sommergrüne Nadelholzhecken, insbesondere für Lärchen.

Hecken mit lockerem Wuchs

Blütenhecken, Fruchtstrauchhecken, Wildstrauchhecken und dergleichen werden so gepflanzt, dass jeder Strauch genügend Abstand zur Entfaltung hat und dennoch ein dichter Pflanzstreifen entsteht. Solche Hecken brauchen wenig Pflege und keinen regelmäßigen Schnitt. Ein gelegentlicher Auslichtungsschnitt etwa alle drei bis vier Jahre genügt. Dabei werden einige alte, vergreiste und zu dicht stehende Äste möglichst direkt in Bodennähe entfernt, sodass junge Triebe Platz zum Wachsen haben.

Falls nötig, lassen sich stark verwilderte bzw. vergreiste Hecken aber auch kräftig auslichten. Sie erneuern sich dann wieder. Die beste Zeit dazu ist im Winter in der Saftruhe. Bei Gehölzen aus Frühjahrsblühern wartet man eventuell bis nach der Blütezeit.

Sommerflieder wird zurückgeschnitten

Fruchtstrauchhecken

Fruchtende Wildgehölzhecken, etwa aus Holunder, Haseln, Kornelkirschen und anderen Arten, brauchen nur einen gelegentlichen Auslichtungsschnitt. Sie vertragen aber wie andere lockere Hecken auch eine kräftige Verjüngung. Dies gilt insbesondere für Johannisbeer- oder Brombeerhecken, die im Falle eines starken Schädlingsbefalls oder einer Krankheit mitunter radikal gestutzt werden müssen. Selbst nach dem Rückschnitt aller Triebe bis zum Boden verjüngen sie sich innerhalb von zwei Jahren wieder.

Stark wuchernde Hecken

Hecken aus Schlehen, Hartriegel und anderen stark wuchernden Gehölzen, die sich meist kräftig durch Wurzelausläufer ausbreiten, sind für kleine Hausgärten ohnehin ungeeignet.

Wo sie wachsen dürfen, brauchen sie keinen Schnitt. Wo sie jedoch stören, müssen die jungen Ausläufer immer wieder ausgegraben und beseitigt werden. Falls nötig, dämmt man sie mit Randstreifen oder anderen Barrieren ein.

Verbundhecken

Hecken, die aus zwei, drei oder mehr Reihen verschiedener Gehölze bestehen, werden wie alle lockeren Hecken nur gelegentlich ausgelichtet, womit man die ständige Verjüngung fördert.

Wildstrauchhecke im Winter auslichten

Weiterhin empfiehlt es sich, die stammförmigen hohen Gehölze in der Hecke, so etwa Hainbuchen, Feldahorn oder Ebereschen, nach und nach aufzuputzen. Das heißt: Die unteren an den Stämmen sitzenden Zweige werden entfernt, sodass die benachbarten strauchartigen Gehölze Platz bekommen.

Alte, lichte Hecken

Hecken werden je nach Gehölzart und Pflege bis zu 50 Jahre alt oder noch älter. Mit der Zeit verlieren sie jedoch ihre Vitalität, und einzelne Pflanzen in der Hecke sterben ab. Wenn es sich noch lohnt, das heißt, wenn die Hecke insgesamt noch ausreichend dicht und wüchsig ist, kann man die abgestorbenen Pflanzen durch Jungpflanzen ersetzen. Beim Ausgraben sind die Wurzeln der gesunden Nachbarpflanzen zu beachten und zu schonen. Die verbrauchte Aushuberde wird am besten durch frische, gute Gartenerde ersetzt. Die jungen Heckenpflanzen wachsen dann recht gut an. Sie fügen sich in wenigen Jahren in die alte Hecke ein und machen sie wieder dicht.

Begleitende Pflege

Eine Verjüngung entzieht den Gehölzen eine Menge Substanz, was natürlich Kraft kostet. Dieser Verlust muss durch Düngung ausgeglichen werden. Gut geeignet ist Kompost, der unter den Heckensträuchern verteilt wird und dort lange wirkt. Auch andere organische Langzeitdünger, wie etwa verrotteter Stallmist, tragen zur Nährstoffversorgung bei. Zudem kann das Schnittgut nach dem Häckseln der Hecke wieder zugeführt werden.

Attraktive Formpflanzen trimmen

Mit Geduld und ein wenig Geschick kann jeder wunderschöne Formpflanzen heranziehen. Damit lassen sich Gartenbereiche auflockern und gliedern. Auf Terrasse und Balkon sind grüne Kugeln, Kegel, Pyramiden oder Hochstämmchen im Kübel ein attraktiver Pflanzenschmuck

Buchskugeln

Bäumchen als Figuren ziehen

Einige Gehölze sind außergewöhnlich schnittverträglich. Sie lassen sich zu Kugeln, Kegeln oder Figuren trimmen. Dazu müssen sie von Jugend an in die gewünschte Form gebracht und immer weiter behandelt werden. Neben Buchsbäumchen und Liguster eignen sich auch Nadelgehölze wie Eiben oder Scheinzypressen für den Formschnitt. Die dabei entstehenden grünen Kugeln, Kegel, Pyramiden und dergleichen passen besonders in kleine Gärten oder Gartenecken, wo sie in Sommerblumenbeeten Akzente setzen. Sie können ebenso aber auch in Kübeln auf Balkonen und Terrassen kultiviert werden.

Regelmäßige Pflege

Zu lebenden Figuren getrimmte Pflanzen brauchen immer wieder intensive Pflege. Bevor Sie sich für eine strenge Erziehung ausgewählter Bäumchen

Buchshecken trimmen

entscheiden, sollten Sie die gewünschten Formen genau festlegen. Nur dann kommen mit den Jahren strenge Konturen zustande. Beispielweise sollte bei einer gewünschten Kegelform die dazu ausgewählte Jungpflanze von Anfang an kegelförmig geschnitten werden. Die Formpflanzen brauchen auch später, wenn sie die gewünschte Gestalt angenommen haben, immer wieder Pflege. Vernachlässigte Exemplare verwildern mit der Zeit und nehmen wieder ihre natürliche Wuchsform an.

Schnitt um Schnitt

Sobald ein Bäumchen im Gartencenter besorgt ist oder eine geeignete Jungpflanze im Garten gefunden wurde, kann die Erziehung beginnen. Die beste Zeit dazu ist im Frühjahr vor dem Austrieb. Dann wirkt sich der Schnitt bereits im folgenden Sommer auf die Formgebung aus. Jeder Schnitt an einem Gehölz hat vorhersehbare Folgen. Insbesondere regt der Rückschnitt eines Zweiges zur Entwicklung junger Triebe aus „schlafenden" Augen an. Das sind geschlossene Knospen, die beim Buchs und anderen Immergrünen in den Blattachseln verborgen sitzen.

Durch den Rückschnitt eines Zweiges werden die vorhandenen Knospen zum Austreiben angeregt. Je stärker der Rückschnitt, umso kräftiger der Austrieb. Wenn Sie einen Zweig stark zurückschneiden, wird er aus den wenigen verbliebenen Knospen kräftige Triebe hervorbringen. Wenn Sie ihn nur ein wenig einkürzen, entwickelt er nur schwache Triebe. Eine noch schwache, langstielige Jungpflanze lässt sich durch einen kräftigen Rückschnitt im Frühjahr zu kräftigem Austrieb und buschigem Wuchs anregen.

Für eine Kegel-, Kugel- oder Pyramidenform, die in Bodennähe beginnt, ist eine von der Basis an buschige Jungpflanze optimal geeignet. Bei einer Figur mit Stämmchen muss die Jungpflanze erst bis zur gewünschten Höhe groß gezogen werden. Dann beginnt mit dem regelmäßigen Einkürzen der Seitentriebe die Formgestaltung.

Mit Sicherheit entsprechen die streng gezogenen Bäumchen nicht jedem Geschmack. Die Erziehung widerspricht dem natürlichen Wuchstrieb: Immer wieder müssen die Zweige zurückgeschnitten werden. Das vertragen nur ausgewählte Gehölzarten. Insbesondere sind dies von Natur aus strauch-

Buchskegel

förmig wachsende Arten wie Buchsbäumchen und Liguster. Gehölze, die sich schnittverträglich gezeigt haben, sind außerdem Hainbuchen, Buchen oder Feldahorn und einige Nadelgehölze wie Eiben, Scheinzypressen und Thujen. Kleinblättrige sind wiederum besser geeignet als großblättrige. Sie lassen sich auch leicht mit der Heckenschere behandeln. Bei großblättrigen ist ein Schnitt mit der Astschere nötig, um hässliche Verletzungen der Blätter zu vermeiden. Jedenfalls sollten die Pflanzen nach dem Trimmen stets nachgeschnitten werden.

Jahr für Jahr üppiger gestalten

Natürlich dauert es mehrere Jahre, bis sich aus einer wenig verzweigten Jungpflanze eine buschige Formpflanze entwickelt hat. Die Wachstumszeit ist auf die Monate April bis August beschränkt, nur in dieser Zeit lohnt sich das Schneiden. In den ersten Jahren der Erziehung genügt es, die abstehenden langen Triebe einzukürzen und damit zur Verzweigung anzuregen; das geschieht am besten noch mit der Astschere. Erst wenn das Bäumchen bereits die gewünschte Form angenommen hat, benutzt man die die Heckenschere. Auch dann werden immer nur die jungen Triebe eingekürzt. Ein Rückschnitt ins „alte Holz" (bis zu den verholzten Zweigen) ist auf jeden Fall zu vermeiden.

Immergrüne – Sommergrüne

Vorzugsweise benutzt man für das Trimmen von Formpflanzen immergrüne Gehölze. Als ideal und schnittverträglich haben sich neben Buchs und

Buchskugeln stellen dekorative Elemente dar

Liguster auch Eiben bewährt. Sie bilden kräftige Stämmchen und bringen ein feines Blattwerk hervor. Beim Liguster kann ein kalter Winter Blattschäden oder den völligen Verlust der Blätter verursachen. Der Liguster treibt aber im Frühjahr wieder aus und verjüngt sich in wenigen Wochen.

Weniger gebräuchlich, aber durchaus gut geeignet sind der Feuerdorn, immergrüne Berberitzen und kleinblättrige Stechpalmen (z. B. *Ilex crenata*). Zur Erziehung weniger strenger geometrischer Formen können auch viele andere Gehölze dienen. In japanischen Gärten sind beispielsweise Kiefern recht beliebt. Sie erfordern eine besondere Behandlung: Vor dem Austrieb im Frühjahr werden die jungen Triebe – die so genannten Kerzen – eingekürzt. Dann wachsen sie sich nicht zur vollen Länge aus, und es kommen kompakte Formen zustande. Ebenso wie für Formschnitthecken eignen sich zudem Buchen, Hainbuchen, Feldahorn und andere sommergrüne Gehölze als Formpflanzen. Bei diesen starkwüchsigen Waldbäumen darf aber der Schnitt auf keinen Fall vernachlässigt werden.

Stämmchen ziehen

Aus typischen Sträuchern lassen sich recht leicht auch Bäumchen bilden. Dazu wird beispielsweise ein Liguster, der möglichst einen kräftigen geraden Trieb hat, „aufgeputzt". Dabei schneidet man alle Seitentriebe weg und lässt nur den geraden Mitteltrieb stehen. Dieser Trieb entwickelt sich nun besonders gut, ihm kommt die ganze Kraft aus den Wurzeln zu. Falls nötig, bekommt der Trieb einen Stab, damit er auch gerade weiterwächst. In der Folgezeit bilden sich natürlich immer wieder neue Seitentriebe. Diese müssen sofort gekappt werden.

Sobald der Mitteltrieb zu einem kräftigen Stämmchen herangewachsen ist, bleiben die oberen Seitentriebe stehen, sodass sich eine Krone bilden kann. Die weitere Verzweigung der Krone lässt sich auch durch gezieltes Anschneiden fördern. Dazu wird das Stämmchen beziehungsweise der Mitteltrieb eingekürzt. In der Folge treiben aus Knospen, die unterhalb der Schnittstelle sitzen, zusätzliche Seitentriebe, welche die Kronenbildung verstärken.

Die Krone wird zunehmend buschiger, wenn auch diese Seitentriebe eingekürzt und zur Verzweigung angeregt werden. Das Bäumchen braucht weiter keine besondere Pflege. Nur die bodennahen Seitentriebe und Triebe aus dem Wurzelstock sind immer wieder zu beseitigen!

Übrigens werden auch Rosenbäumchen so gezogen. Allerdings ist dazu jeweils eine Wildrose nötig, die gleichermaßen zum Stämmchen erzogen wird. Wenn dieses dann kräftig genug ist, erfolgt in der gewünschten Kronenhöhe die Veredelung durch Okulation, wobei zwei Knospen einer bestimmten Sorte eingesetzt werden. Diese können zum Beispiel von Edelrosen oder auch von Kletterrosen stammen, die überhängende Triebe hervorbringen und sich dann zu so genannten Trauerrosen entwickeln.

Efeugerüste

Eine besondere Methode der Formpflanzen-Erziehung wird mit Kletterpflanzen praktiziert. Efeu, immergrünes Geißblatt oder andere Arten lässt man an einem vorgegebenen Gerüst ranken, das beispielsweise aus Metall oder Weidenruten geformt wurde. Solche Kletterfiguren sind auch in Kübeln kultivierbar.

Vermehrung

Jungpflanzen für die Formerziehung gibt es als Containerpflanzen in Gartenmärkten. Buchsbäumchen und Liguster sind recht einfach durch Stecklinge vermehrbar, die im Sommer geschnitten und in sandiges Erdgemisch gesteckt werden. Gelegentlich gehen auch im Garten Sämlinge von Eiben, Liguster und anderen brauchbaren Gehölzen wild auf, die sich – wenn man sie ausgräbt – zur Erziehung von Formpflanzen nutzen lassen.

Gartengeräte für Pflanzung und Pflege

Gute Gartengeräte erleichtern die Arbeit. Die Anschaffung eines Sortiments an Qualitätswerkzeugen lohnt sich, denn damit macht die Arbeit mehr Freude als mit Billiggeräten, die nichts taugen. Und letztlich sind die teuren Gartenwerkzeuge erfahrungsgemäß doch die preiswerteren – weil sie nämlich ein Leben lang halten!

Eine Sackkarre erleichtert den Transport großer Ballenpflanzen

Transporter

Ein Transporter gehört auf jeden Fall zur Grundausstattung. Er ist ohnehin nicht nur für Gartenarbeiten, sondern für verschiedenste Einsätze nötig, z. B. zum Befördern von Getränkekisten, Brennholz oder anderen Materialien. Je nach Nutzungsart und Gelände wählt man eine Schubkarre oder eine Gärtnerkarre mit zwei Rädern. Unter Umständen sind mehrere Transporter nötig, wenn etwa in einem großen Garten viele verschiedene Materialien transportiert werden müssen.

In unwegsamem Gelände lässt sich eine gewöhnliche Schubkarre einfacher bewegen als ein zweirädriger Karren. Der ist besser für ausreichend breite, befestigte Wege geeignet. Hier rollt er selbst mit schweren Lasten leicht. Im Zuge der Heckenpflanzung und -pflege wird ein Tranporter zum Befördern von Bodenhilfsstoffen und zum Verteilen der Heckenpflanzen gebraucht.

Schaufeln und Gabeln

Viele Materialien müssen mit geeignetem Handwerkszeug aufgeladen werden: Sand, Kies und Erde etwa mit einer Schaufel, Gras, Zweige und Laub besser mit einer Gabel. Welcher Schaufel-Typ sich am besten eignet, hängt vom jeweiligen Material ab. Sand, Kies und Erde lassen sich am besten mit einer Spitzschaufel bewegen. Eine geschmiedete Spitzschaufel ist außerdem für bestimmte Grabarbeiten, etwa für das Ausheben von Fundamenten oder Teichmulden, unentbehrlich. Das Aufnehmen von Kehricht dagegen geht leichter mit einer geraden Schaufel von der Hand. Mit diesem Werkzeug lässt sich Sand oder Kies auch besser schaufeln, wenn der Untergrund glatt und fest ist. Jede Schaufel braucht natürlich einen Stiel. Und der sollte am besten aus Eschenholz bestehen, das besonders fest und elastisch ist.

Gabeln sind mit drei, vier oder mehr Zinken zu haben. Filziges Gras, Heu oder Stroh fasst jede Gabel. Laub, Rinde und anderes loses Material fällt bei weiten Zinken durch. Dafür brauchen Sie eine Gabel mit eng stehenden Zinken.

Hacken, Grubber und Rechen werden für die Bodenbearbeitung benötigt

Geräte für die Heckenpflanzung und -pflege

Gerät	Hinweis/Funktion
Transporter	ein- oder zweirädriger Karren zur Beförderung von Baustoffen, Erde, Laub etc.
Spaten	stabiles Gerät, mit geschmiedetem Stahlblatt zum Pflanzen, Graben und Kantenstechen
Grabgabel	mit geschmiedeten Zinken zur Bodenlockerung und zum Graben
Metallrechen	schmaler Rechen zum Ebnen und Krümeln
Holzrechen	mit geradem, breitem Rücken und langen Zinken zum Planieren
Laubrechen	mit fächerförmigen, verstellbaren Zinken zum Kehren der Rasenfläche/Beete
Schaufeln	Spitzschaufel und Schaufel mit geradem Blatt für Erdarbeiten
Gabel	mit geschmiedeten Zinken zum Erfassen von Schnittgut, Laub etc.
Grubber oder Kultivator	mit drei gebogenen Zinken zur Bodenlockerung
Kreuzhacke	mit zwei gegenübersitzenden Schneiden für Erd- und Pflanzarbeiten
Stahlhacke (einfache Hacke)	mit dünnem Stahlblech zum Jäten und Lockern
Pflanzkelle	geschmiedet, zum Pflanzen von Gehölzen, Zwiebeln und Stauden
Astschere	mit auswechselbarer Klinge für die verschiedensten Schneidarbeiten
Baumsäge	mit verstellbarem Blatt zur Gehölzpflege
Heckenschere	je nach Bedarf elektrisches Gerät oder Handschere zum Trimmen von Formschnitthecken und Kugelbäumchen
Gärtnermesser	Klappmesser mit Holzgriff und Edelstahlklinge zum Schneiden von Stecklingen, zum Veredeln, zur Wundbehandlung usw.
Gießkannen	aus Kunststoff oder verzinktem Blech zur Wasserversorgung
Schlauch	Gewebeschlauch mit Düsen und Gießstab zur Wasserversorgung
Steighilfen	Hohe Hecken sind nicht mehr direkt vom Boden aus erreichbar. Sie lassen sich nur mit einer geeigneten Leiter in Form bringen.

Bodenbearbeitungsgeräte

Eine Grabgabel ist – wie bereits der Name vermuten lässt – weniger zum Aufladen als vielmehr zum Umgraben geschaffen. Sie stellt auch beim Bodenlockern und bei anderen Gartenarbeiten rund ums Jahr eine wertvolle Hilfe dar und gehört zu jeder Geräte-Grundausstattung.

Geschmiedete Qualitätsgeräte haben natürlich ihren Preis. Sie halten aber länger als Billigwerkzeuge aus Blech, die sich oft schon bei der geringsten Belastung verbiegen oder sogar abbrechen. Dies gilt insbesondere für den – besonders beanspruchten – Spaten. Bei diesem einfach unentbehrlichen Gartenwerkzeug macht sich der Kauf von Qualitätsware auf Dauer immer bezahlt. Prüfsiegel, wie etwa das GS-Zeichen, geben übrigens keine Qualitätsgewähr. Sie kennzeichnen die Geräte lediglich als ungefährlich.

Ideal ist ein Spaten mit einem geschmiedeten Blatt und einem Eschenholzstiel mit T-Griff. Der liegt gut in der Hand, wenn man den Spaten mit Schwung in die Erde treibt, um etwa grobe Erdschollen zu teilen oder Wurzeln zu kappen. Selbstverständlich muss er immer wieder nachgeschliffen werden. Zu empfehlen sind Schuhsohlen-Schoner, die auch die Füße schützen. Für gute Spaten gibt es solche Metallhülsen zum Aufstecken.

Neben dem Spaten und der Grabgabel gehört eine Reihe anderer Bodenbearbeitungsgeräte zur Grundausstattung. Ein Rechen wird zum Ebnen des Bodens gebraucht. Er ist zudem beim Aufnehmen des Schnittgutes nach dem Heckenschneiden und bei anderen Reinigungsarbeiten nützlich. Allerdings wird ein einziger Rechen kaum genügen. Normalerweise werden verschiedene Typen gebraucht: ein schmaler Metallrechen zum groben Planieren, ein Holzrechen zum Abziehen etwa der Pflanzfläche und ein spezieller Metallrechen (Laubbesen) mit verstellbaren Federstahlzinken zum Laubrechen. Selbstverständlich können diese

Werkzeugpflege

Rost am Spaten mit der Drahtbürste entfernen

Die Spatenschneide wird angeschärft

Das Blatt gründlich reinigen

Einreiben mit Fett schützt vor Rost

Mit dem Spaten werden Pflanzlöcher gegraben

Rechen nach und nach bei Bedarf angeschafft werden. Zunächst genügen meistens ein Holz- und ein einfacher Metallrechen. Es gibt auch platzsparende Stecksysteme, bei denen ein Stiel verschiedene Vorsätze aufnimmt. Allerdings passen die Stiele und Geräte verschiedener Hersteller nicht zusammen, sodass die Entscheidung für ein Wechselstiel-System die Festlegung auf ein bestimmtes Fabrikat erfordert.

Während Rechen nur oberflächlich in den Boden eindringen, sind zur tiefgründigen Bodenpflege, insbesondere zur Lockerung, Geräte mit speziellen Zinken nötig. Der Grubber oder Kultivator ist unter anderem bei der Bodenpflege nach der groben Lockerung vor der Heckenpflanzung hilfreich. Zur Bodenpflege eignen sich auch Hacken, die es in verschiedenen Ausführungen gibt. Für die Grundausstattung genügt zunächst eine gute Doppelhacke, die praktisch zwei Bearbeitungsmethoden ermöglicht: das oberflächliche Hacken und die tiefere Bodenlockerung. Ebenfalls doppelt nutzbar sind Kreuzhacken. Sie haben sich bei der Rodung und Bodenvorbereitung bewährt und zudem als Hilfsmittel bei der Pflanzung von jungen Gehölzen. Eine kleine Pflanzschaufel darf auch nicht fehlen. Auch sie dient zum Pflanzen kleiner Gehölze sowie von Stauden, Gräsern und Zwiebeln. Dieses Gerätesortiment für die Bodenbearbeitung wird bei Bedarf entsprechend den Erfordernissen erweitert.

Schneidwerkzeuge

„Ein Gärtner ohne Messer ist wie ein Hund ohne Schwanz." Diesen alten Gärtnerspruch darf man nicht wörtlich nehmen. Dennoch sagt er viel über die Wichtigkeit eines Taschenmessers beim Gärtnern aus. Ein gutes Gärtnermesser wird zum Schneiden von Stecklingen, zur Gehölzpflege, zum Veredeln und für viele andere Schneidarbeiten gebraucht. Ein solches Messer hat eine klappbare Edelstahlklinge. Zum regelmäßigen Schärfen der Klinge braucht man einen feinen Schleifstein. Für andere Zwecke sind spezielle Messer erhältlich, so etwa ein Okuliermesser zum Veredeln. Wichtiger ist für den Hobbygärtner allerdings eine gute Gartenschere. Sie wird zum Schneiden junger Hecken und später auch zur Nachpflege benötigt. Eine hochwertige Schere besitzt ein auswechselbares Edelstahlblatt. Sie muss gut in der Hand liegen und glatt abschneiden.

Je nach Garten und Pflanzenbestand können weitere Schneidwerkzeuge nützlich sein. So etwa eine Astschere mit verlängerten Holmen für dickere Querschnitte oder eine Schere mit Teleskopstiel für die Pflege besonders hoher Hecken. Eine Baumsäge wird zum Auslichten von Wildstrauchhecken und für andere gröbere Schneidarbeiten gebraucht. Von Vorteil ist hier ein Produkt mit auswechselbarem und verstellbarem Sägeblatt.

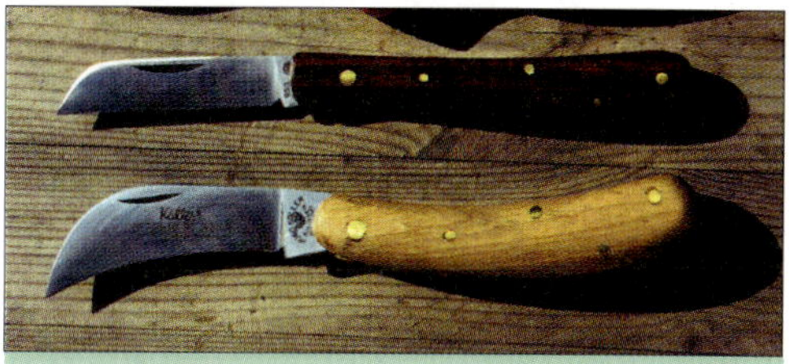

Gärtnermesser

Heckenscheren

Die Pflege von Formschnitthecken oder symmetrischen Figuren ist nur mit geeigneten Scheren möglich. In den ersten Jahren nach der Pflanzung reicht eine gewöhnliche Gartenschere noch aus. In der Anwachsphase genügt es, jeweils im Sommer lange Triebe zurückzuschneiden. Das regt die Heckenpflanzen zur Verzweigung an und fördert den buschigen Wuchs. Sobald die einzelnen Sträucher zu dichten Pflanzstreifen zusammenwachsen, lässt sich der Rückschnitt nur noch bei Hecken bewerkstelligen , die aus großblättrigen Arten gebildet wurden (z. B. Kirschlorbeer oder Mahonien). Für den Schnitt von Thujen, Liguster und anderen typischen Heckenpflanzen für den strengen Schnitt ist eine geeignete Heckenschere nötig. Das kann eine Handheckenschere sein, wenn nur kurze und niedrige Heckenstreifen von wenigen Metern Länge zu trimmen sind, oder leistungsfähige Geräte mit Elektromotor. Die Profis benutzen sogar Scheren mit Benzinmotor.

Eine einfache Handheckenschere leistet auch in den ersten Jahren nach der Pflanzung noch gute Dienste. Sie kann auch später weiterhin zum Nach-

Werkzeugpflege

Die Klinge der Hacke wird angeschliffen

Auch die Grasschere benötigt einen Schliff

Einölen schützt das Metall vor Rost

Eine neue und eine alte Schere

Elektrische Heckenscheren sind für die Pflege größerer Anlagen unentbehrlich

schneiden nützlich sein, zumal beim Einsatz von Elektroscheren immer wieder vereinzelte Zweiglein stehen bleiben.

Eine Handheckenschere wird zudem auch zum Trimmen oder Nachputzen von kleinen Figuren benötigt. Das leichte Werkzeug lässt sich einfacher handhaben als eine elektrische Heckenschere, die noch dazu am Kabel hängt. Sie ist im übrigen vom Stromnetz unabhängig. Im Handel sind verschiedene Modelle mit Holz-, Metall- oder Kunststoffgriffen erhältlich, die sich in der Qualität und natürlich auch im Preis unterscheiden. Achten Sie darauf, dass die ausgewählte Schere griffige Holme hat und leichtgängig ist. Sie sollte auch Puffer zwischen den Holmen haben, damit es beim Arbeiten keine Prellungen gibt.

Eine elektrische Heckenschere arbeitet im Prinzip ähnlich wie ein Balkenmäher, und zwar werden zwei gegenläufige Messerleisten von einem Motor angetrieben. Das ermöglicht ein glattes, sauberes Abschneiden der Triebe. Es gibt Geräte mit einer Messerlänge von 40, 45, 60, 65 und 75 cm Länge. Sie haben eine Motorleistung von etwa 300 bis 400 Watt (je nach Hersteller). Hochwertige Scheren sind mit teflonbeschichteten Messern ausgerüstet. Im Gewicht sind sich die verschiedenen

Tipp Trimmen

Das Einkürzen oder Abschneiden der jungen, noch krautigen Triebe heißt in der Fachsprache Trimmen. Die Heckenscheren sind ohnehin nur für diesen Einsatz geeignet. Stark verholzte Triebe schaffen sie nicht.

Scheren- Typen ähnlich. Mit etwa 3 bis 4 kg ist die Handhabung noch recht gut möglich. Allerdings stört das Stromkabel. Es empfiehlt sich, ein rotes Kabel zu benutzen, das besser zu erkennen ist als eine schwarzes. Verletzungen des Kabels kommen dennoch immer wieder vor. Sie müssen selbstverständlich fachgerecht repariert werden. Neben den Scheren, die mit Wechselstrom arbeiten, bieten einige Hersteller auch Geräte mit Akku an. Diese erleichtern natürlich das Schneiden, haben aber eine beschränkte Laufzeit – wenn keine Wechselakkus zur Verfügung stehen.

Werkzeuge zum Schneiden und Sägen

Jahresarbeitsplan

Januar
- Alte Hecken verjüngen
- Wildstrauchhecken auslichten
- Frostschutz bei immergrünen Hecken
- Bewässerung von immergrünen Hecken bei Trockenheit
- Steckhölzer schneiden und lagern
- Planung von Hecken und Beeteinfassungen

Februar
- Alte Hecken verjüngen
- Wildstrauchhecken auslichten (auch Blütenhecken)
- Bewässerung von immergrünen Hecken bei Trockenheit
- Steckhölzer schneiden und lagern
- Planung von Hecken und Einfassungen

März
- Heckenpflanzung bei mildem Wetter
- Pflanzzeit auch für Gehölze mit losen Wurzeln
- Umpflanzungen von zu eng stehenden Sträuchern oder Ausbesserungen lückenhafter Hecken
- Steckhölzer stecken
- Frostschäden bei immergrünen Laubhecken behandeln
- Düngung mit Kompost

April
- Pflanzzeit für alle Arten von Gehölzen
- Steckhölzer stecken
- Rückschnitt von Frostschäden nach dem Austrieb
- Auslichten von Frühblühern nach der Blütezeit (z. B. Forsythien)
- Düngung mit Kompost

Mai
- Pflanzzeit von Gehölzen mit Topfballen
- Angießen nach der Pflanzung
- Mulchen des Bodens unter Hecken mit Rindenmulch oder Rasenschnitt
- Düngung mit Kompost
- Eventuell erster Schnitt von streng formierten Figuren

Juni
- Pflanzung von Hecken mit Topfballen (Containerpflanzen)
- Haupttermin für den Schnitt von Formschnitthecken und Figuren ab Monatsende
- Bewässerung bei Trockenheit
- Mulchen mit Rindenmulch oder Rasenschnittgut

Juli
- Pflanzung von Hecken mit Topfballen (Containerpflanzen)
- Schnitt der Formschnitthecken und Figuren
- Vermehrung von Heckenpflanzen mit Stecklingen
- Bewässerung bei Trockenheit
- Mulchen mit Rindenmulch oder Rasenschnittgut

August
- Pflanzung von Hecken mit Topfballen (Containerpflanzen)
- Vermehrung von Heckenpflanzen mit Stecklingen
- Bewässerung bei Trockenheit
- Mulchen mit Rindenmulch und Rasenschnittgut

September
- Wieder Pflanzung von Ballenware und Gehölzen mit losen Wurzeln

- *Umpflanzungen und Ausbesserungen sind möglich*
- *2. Schnitt bei starkwüchsigen Hecken*

Oktober

- *Pflanzung aller Gehölzarten mit losen Wurzeln oder mit Ballen*
- *Frostschutz für immergrüne Hecken vorbereiten*
- *Mulchen mit Laub*

November

- *Pflanzung aller Gehözarten mit losen Wurzeln oder mit Ballen*
- *Frostschutz für immergrüne Hecken vorbereiten*
- *Mulchen mit Laub*

Dezember

- *Frostschutz bei immergrünen Hecken*
- *Umpfanzungen sind möglich, solange der Boden nicht tief gefroren ist*
- *Planung von Hecken und Einfassungen*

Register